To Debora

to those days we spend
in Washington.

Very friendly

Roberto

Millburn,
NJ. Sept 1 1985

_____
From Today
the New York University
    Instituto Internacional
Miguel Angel 8
Madrid.
        Spain

LEGACIES

Selected Poems

Legacies

SELECTED POEMS

HEBERTO PADILLA

A BILINGUAL EDITION
TRANSLATED BY ALASTAIR REID AND ANDREW HURLEY

Farrar   Straus   Giroux

NEW YORK

Translation copyright © 1969, 1971, 1978, 1979 by Alastair Reed
Translation copyright © 1982 by Alastair Reid and Andrew Hurley
Most of these poems appeared in Spanish in *El Hombre Junto al Mar*,
© 1980 by Heberto Padilla
Published simultaneously in Canada
by McGraw-Hill Ryerson Ltd., Toronto
Printed in the United States of America
First edition, 1982
Designed by Charles E. Skaggs
Acknowledgments are made to *The New Yorker* and
The New York Review of Books, where some of these poems originally appeared
Library of Congress Cataloging in Publication Data
Padilla, Heberto.
Legacies: selected poems.
Translation of: Hombre junto al mar.
I. Title.
PQ7390.P3H5913   1981   861   81-12554
                                             AACR2

For Belkis

CONTENTS

LEGACIES
Selected Poems

El que regresa a las regiones claras

Ya dije adiós a las casas brumosas
colocadas al borde de los desfiladeros
como el montón de heno en la pintura flamenca,
y adiós también a las mujeres
que más de una vez me conmovieron
—sobre todo aquéllas de ojos color de malaquita—
y los trineos quedaron colgando como gárgolas
inservibles en las ventanas que desde ayer
están cerradas.
Porque el sol me ha curado.
No vivo del recuerdo de ninguna mujer,
ni hay países que puedan vivir en mi memoria
con más intensidad que este cuerpo que reposa a mi lado.
El sitio—además—donde mejor
puede permanecer un hombre
es en su patio, en su casa,
sin gentes melancólicas que acechen en los muelles
la carne atroz de las pesadillas.
Un nuevo día entra por la ventana
—estallante, de trópico.
El espejo del cuarto multiplica su resplandor.
Yo estoy desnudo al lado de mi mujer desnuda,
encerrados en esta luz de acuario;
pero este que huye a través del espejo,
con bufanda y abrigo,
escaleras abajo;
el que saluda a toda prisa a la portera
y entra en un comedor atiborrado
y se sienta a observar
la fachada de una estación de trenes
que el invierno devora
con su lluvia podrida como un estercolero,
es mi último espejismo
que ya ha curado el sol,
el último síntoma de aquella enfermedad,
afortunadamente transitoria.

Returning to bright places

I have said goodbye to fogged houses
huddled at the edge of mountain passes
like haystacks in Flemish paintings,
said goodbye too to the women
who moved me, more than once
—most of all, those with malachite eyes—
and sleds abandoned like gargoyles
in the windows
now shuttered.
For the sun has cured me.
I do not live in remembering any woman,
nor are there countries living in my memory
more intensely than this body resting at my side;
besides, the best ground
for a man to be on
is his own ground, his garden, his own house,
away from the morbid souls who hunt on the docks
the rotten meat of nightmares.
A new day comes in through the window
—sparkling, tropical.
The mirror in the room multiplies its brilliance.
I am naked beside my naked woman,
enclosed in this aquarial light;
but this one that hurries across the mirror,
in overcoat and muffler,
rushing downstairs,
hastily greeting the concierge,
going into the crowded dining room
and sitting down to watch
the façade of the train station
like a dunghill
devoured by winter
with its dreary rain—
this is my last reflection,
which now the sun has cured,
the last symptom of that sickness,
thank heaven, transitory.

Pero el amor

Sea la muerte de capa negra
y su aureola de un amarillo intenso
y tenga las costumbres que a ella le dé la gana;
pero el amor que sea
como se practica en los trópicos:
cuerpos en pugna con la tenacidad del mediodía,
espaldas aplastando la yerba calcinada
donde el verano esconde sus pezuñas de pájaro,
y humedades mordidas,
impacientes,
y el rasguño en cal viva
bajo el chorro solar.

But love

Death if it wants can wear its black cape
and its searing yellow halo,
and do whatever it wants;
but love, let love be
the way it is in the tropics:
bodies competing with the appetites of noon,
backs flattening the dry grass
where summer hides its bird-claws,
nibbled wetnesses,
caught breath,
and the rasp of quicklime
in the showering sun.

A Belkis, cuando pinta

Cuando pinta inclina la cabeza
siempre hacia el mismo lado
para que los colores alcancen—dice ella—
las texturas más alegres y fieles.
Pero no sabe que yo la observo y la transfiguro.
Su pelo es largo y lacio y yo lo trenzo a mi manera,
es negro y lo enrojezco hasta que arda como una quemadura,
y alzo sus manos del dibujo
y hago que participen de las llamas.
Me gusta imaginarla en todas partes,
ubicua y fantasmal
para que ocupe todo el mapa convulso de mis poemas.
Por ejemplo:
                vestida con un suéter de cachemira.
Por ejemplo:
                desnuda al borde de una playa amarilla
como el telar crujiente de van Gogh.
Por ejemplo:
                en canoa, buscando la magnolia de Isolda
                para las fiestas de nuestra boda.
Por ejemplo:
                cantando
ella y la soledad
ella y la araña del techo, ella y el cortinaje
florido de su pelo;
alegre y despeinada
como una reina ociosa, en verde, en rojo, en malva
junto a mí, en su rincón oscuro de palmista,
con mi mano en su mano,
descifrando acertijos de bronce contra los malhechores.
Ella por todas partes
con su cabeza negra ardiendo entre los humos
en la punta de mi pipa de coralina.

To Belkis, when she paints

While she paints she always tilts her head
to the same side
to let the colors come out, she says,
truest and brightest.
But she doesn't know I watch and see her transfigured.
Her hair is long and straight and I braid it as I want,
it's black and I redden it until it throbs like a burn,
I raise her hands from the painting
and make them part of the blaze.
I like to imagine her everywhere,
ubiquitous, ghostly,
filling the whole convulsed map of my poems.
Example:
            dressed in a cashmere sweater
Example:
            naked on the edge of a yellow beach
            like the cracked canvas of a Van Gogh
Example:
            in a canoe, looking for Isolde's magnolia
            for our wedding
Example:
            singing:
she and her solitude
she and the lamp above, she and the curtains
flowered by her hair;
joyous and uncombed
like an idle queen, in green, in red, in mauve
next to me, in her dark palmist's corner,
with my hand in her hand,
reading my palm to arm me against enemies.
Everywhere she everywhere
her black hair glowing through the smoke
from the bowl of my coral pipe.

Entre marzo y abril está mi mes más cruel

Entre marzo y abril está mi mes más cruel.
Apretado a tus brazos
ascua feliz
        el más tierno y salvaje
te dije:
        éstos tienen que ser los brazos del amor
Puse tus ojos y tus labios abiertos
            debajo de los míos
y caímos cantando en el sofá
fue la última vez en que pudimos amar sin sobresaltos
y en vez de libros
            flores
y un hechizo calcáreo en la pared
                con manchas
y la espuma de los muebles de mimbre
                orlando tu aureola
abriendo abanicos de fuego
lanzallamas
y un cielo
y una constelación que se agigantan
muslos y vulvas inmortales
y mi oído en tu vientre
        donde te late un nuevo corazón
y en tu entraña
        ahora estás embarazada
en la abertura exigua de cada poro
el eterno deseo
la única escritura digna de nuestros nombres
y el retrato de Marx
junto al de nuestros padres
                implorando
que arranquemos del mundo la tristeza
Nos alzamos
        nos vestimos
le arrancamos al mundo la tristeza
        sonreímos
te sentaste a mi lado
          me miraste
y yo
    el escueto y lógico

Between March and April is my cruelest month

Between March and April is my cruelest month
Clasped in your arms
a glowing coal
            tender and on fire
I said to you:
           These must be the arms of love
I took your eyes and your open lips
            under my own
and we fell crooning onto the couch
it was the last time we could love without intrusion
and in place of books
           flowers
and stains like runes
           on the wall
the fuzz of rattan chairs
           haloing your head
opening fans of fire
flamethrowers
and the sky
with spreading constellations
infinite thighs and vulvas
and my ear to your belly
        where there beats a new heart
in your womb
        now you carry a child
in the tiny opening of every pore
the eternal wish
the only writing worthy of our names
and the portrait of Marx
next to our parents'
           imploring us
to weed out sadness from the world
We got up
        we dressed
we weeded out sadness from the world
        we smiled
you sat beside me
           you looked at me
and I
      terse and logical

9

te grité
    fuego mío, bruñido por la vida
    laurel invulnerable
    tacto
        jadeo
           gozo
Algo de eso te dije o te grité
con el horror de que pudieran acabarse
    de pronto las palabras
Y continuábamos desnudos
    cuerpos
debajo de un pantalón
              de un vestido de lana
todo temblor
        desnudos
Nadie que no seas tú
    podría plegarse a la modulación urgente de mis días
te dije
    en realidad quería susurrarte *mis años*
pero eso te alegró
y te dormiste
        protegida
           confiada
los libros
    y la ropa
        por el suelo
Cuando duermes parece que te ahogas o sufres
    Me das miedo
Ese era yo
        tú describiéndome
asustada con mi respiración
De modo que esperé a que durmieras
    mucho rato
para que nada pudiera despertarte
nunca nada ni nadie
animales del siglo
    enlazados desnudos
y el mundo entre los dos
        ¿o una cara del mundo?
        ¿Pero cuál?
Luego fueron zapatos burdos
           apresurados

cried out to you
      my fire, burnished by life
      laurel
      I touch you
          I gasp
              I joy in you
I said or shouted something like that to you
with the horror that suddenly the words
      might end
we continued in our skin
      bodies
under our wool clothes
in a fever
      of nakedness
There is no one but you
      who can fit herself to the insistence of my days
I said
      really wanting to whisper *my years* to you
but that made you happy
and you fell asleep
         protected
             secure
books
    clothes
        all over the floor
When you sleep you seem to be drowning or suffering
    You frighten me
That was me
       you describing me
scared by my breathing
So that I would wait until you were deep
      in sleep
so that no one would wake you
never anything or anyone
animals of a century
    nakedly entwined
the world between us two
      or one face of the world?
      But which one?
Then boots wake me
         hurrying

11

no en la yerba
    en el suelo
        en la penumbra
            en el amanecer
yo vistiéndome adormilado
oyendo
        no tu respiración
                sino la orden
la más humana
      desvistiéndome luego en otro sitio
        audible de las voces
vuelto a vestir
      con una tela del color de la tierra
un efecto sencillo en una sinfonía
      Adelante camina
la más humana
           de las voces
Golpetazos
aullidos
Yo subiendo
      bajando escaleras
         del color de la tela
Puertas
      abriéndose
             cerrándose
entre marzo y abril
      un golpe de metal sobre metal
      una cara del mundo
      ¿Pero cuál?
Un mes oculto entre otros dos
      ¿el más cruel? ¿el más fiel?
Y la pared garabateada a punta de cucharas
nombres
      fechas
         despedidas
            pedazos de oraciones
La litera es también color tierra como la tela
El techo y la letrina son también muy oscuros
          del color de la tela

not on grass
        in my room
            in the dimness
                of first light
I sleepily dressing
hearing
        not your breathing
                but barked orders
human orders
        stripped later in another place
            sharp voices
dressing again
        in a dun uniform
a motif in the symphony
        Forward march
voices,
        human voices
Pummelings
howls
I ascending
        descending stairs
            dun-colored uniform-colored
Doors
        opening
                closing
between March and April
        a clash of metal on metal
        one face of the world
        But which one?
A month lost between two others
        the cruelest? the realest?
Walls with spoon-scrawled
names
        dates
            farewells
                    fragments of prayers
The bunk is also dun-colored uniform
The ceiling and the toilet are just as drab
                    dun-colored uniform

La bella durmiente

Nos va a costar trabajo despertarla, tan sumida
                                    en su sueño
por donde llegan príncipes de las adolescentes,
                                    acorralados
por las luces de tránsito
        y la capa chispeante
como el ojo engrasado de los ferroviarios.
Inútil que hagas sonar el claxon junto a la enredadera
de la ventana. No va a asomarse.
Gritar con las dos manos en forma de bocina no bastará
para que por lo menos mueva el párpado sonrosado.
Ahora seguramente resbala por el sueño.
De niña se dormía por encima del ruido de los altoparlantes,
frente a las luces de los anuncios de neón.
Nos va a costar trabajo despertarla
porque está acostumbrada a los estruendos.
Cuanto más ruido más vive en su interior, más acaricia
        la sortija, alelada.
Trabajo va a costarnos, vuelta como ahora está
hacia los traspatios de la niñez
        donde un montón de brujas le tiran de las trenzas.
¿Quiénes somos nosotros para venir a despertarla?

14

The sleeping beauty

It's going to be hard to wake her, so deep is she
                                    in her dream,
in which the young princes of her girlhood
                                    attend her
caught in the lights of passing cars,
        capes shimmering
like the oily eyes of streetcars.
Useless to blow the horn by the lattice
at the window. She won't appear at the window.
Shouting through cupped hands will not be enough
to startle in the least her gentle eyelids.
Now surely she glides through her dream.
As a girl, she slept through the noise of loudspeakers,
in the glare of neon signs.
It's going to be hard to wake her,
so used she is to uproar.
The noisier it is, the more withdrawn her life,
        the more she caresses her ring in her stupor.
Hard it'll be, now she has gone back
to the gardens of childhood,
        where witches tug at her long tresses.
Who do we think we are, coming to wake her?

Una muchacha se está muriendo entre mis brazos

Una muchacha se está muriendo entre mis brazos.
Dice que es la desconcertada de un peligro mayor.
Que anduvo noche y día para encontrar mi casa.
Que ama las piedras grises de mi cuarto.
Dice que tiene el nombre de la Reina de Saba.
Que quiere hacerse cargo de mis hijos.
Una muchacha larga como una garza.
Una muchacha forrada de plumajes,
suave como un plumón.
Una cabeza sin ganas de vivir.
Unos pechitos tibios debajo de la blusa.
Unos labios más blancos que la córnea de su ojo,
unos brazos colgando de mi cuello,
una muchacha muriéndose irremediablemente
                                    entre mis brazos,
torpe, como se mueren las muchachas;
acusando a los hombres,
reclamando, la pobre, para el amor
de última hora
una imposible salvación.

A girl is dying in my arms

A girl is dying in my arms.
She claims she is the victim of disaster,
that she walked day and night to find my house,
that she loves the gray stones of my room.
She says she calls herself the Queen of Sheba,
that she wants to mother my children,
a girl leggy as a heron,
a girl covered in plumage
soft as down.
A head with no mind to live any more.
Cool little breasts under the blouse.
Lips whiter than the white of her eye,
arms hanging from my neck,
a girl irremediably dying
                              in my arms,
clumsily, the way girls die;
blaming all men,
asking, poor thing, for love
at the eleventh hour,
asking for impossible salvation.

En lugar del amor

Siempre, más allá de tus hombros veo al mundo.
Chispea bajo los temporales.
Es un pedazo de madera podrida, un farol viejo
que alguien menea como a contracorriente.
El mundo que nuestros cuerpos
(que nuestra soledad) no pueden abolir,
un siglo de zapadores y hombres ranas
debajo de tu almohada,
en el lugar en que tus hombros
se hacen más tibios y más frágiles.
Siempre, más allá de tus hombros
(es algo que ya nunca podremos evitar)
hay una lista de desaparecidos,
hay una aldea destruida,
hay un niño que tiembla.

In love's place

Always, over your shoulder, I see the world.
It gives off sparks in storms.
It is a piece of rotten wood, an old lantern
that someone waves as though against the wind,
the world that our bodies
(our solitude) cannot blot out,
an age of sappers and frogmen
under your pillow,
in the place where your shoulders
turn cooler, more fragile.
Always, over your shoulder
(something that now we can never avoid),
there is a list of missing persons,
a village destroyed,
a child trembling.

Para aconsejar a una dama

¿Y si empezara por aceptar algunos hechos
como ha aceptado—es un ejemplo—a ese negro becado
que mea desafiante en su jardín?

Ah, mi señora: por más que baje las cortinas; por más
que oculte la cara solterona; por más que llene
de perras y de gatas esa recalcitrante soledad; por más
que corte los hilos del teléfono
que resuena espantoso en la casa vacía;
por más que sueñe y rabie
no podrá usted borrar la realidad.

Atrévase.
Abra las ventanas de par en par. Quítese el maquillaje
y la bata de dormir y quédese en cueros
como vino usted al mundo.
Échese ahí, gata de la penumbra, recelosa, a esperar.
Aúlle con todos los pulmones.
La cerca es corta; es fácil de saltar,
y en los albergues duermen los estudiantes.
Despiértelos.
Quémese en el proceso, gata o alción; no importa.
Meta a un becado en la cama.
Que sus muslos ilustren la lucha de contrarios.
Que su lengua sea más hábil que toda la dialéctica.
Salga usted vencedora de esta lucha de clases.

Advice to a lady

What if you started accepting some facts
as you have, for example, accepted that Negro student
who pisses defiantly in your garden?

Ah, dear lady, however much you lower the shades;
                                        however much
you hide your spinster face; however much you fill
with bitches and mother cats that unyielding solitude;
                                        however much
you cut the wires of that telephone
whose ring startles the empty house;
however much you dream and rave,
you won't be able to erase reality.

Dare.
Open the windows wide. Remove the makeup
and the nightgown and stay stark naked
as you, madam, came into the world.
Dare, haunter, tentative prowler, to hope.
Howl at the top of your lungs.
The fence is low, easy to jump over,
and in those lodgings students live.
Wake them up.
Burn yourself in the process, she-cat, kingfisher, it won't
                                        matter.
Take a scholar to bed.
Let your thighs enact the struggle of contraries.
Let your tongue be more cunning than all dialectics.
Come out on top in this class struggle.

La compañera de viaje

Tirando su manual
de marxismoleninismo
mi compañera de viaje
se levanta de pronto en el vagón
y saca la cabeza por la ventana
y me grita que por allí va la Historia
que ella misma está viendo pasar
una cosa más negra que una corneja
seguida de una peste solemne
como un culo de rey.

Pero yo sólo veo
caminos y alambradas
y bestias
        machos y hembras
        gozando su combate
y ella sigue gritando
sentada en mi equipaje
levantando las botas
saturadas de fango
clavándome unos ojos preciosos
pero insalvables.

The traveling companion

Throwing down her manual
Marx and Lenin
my traveling companion
stands up abrupt in the train
sticks her head out the window
and yells at me there goes History
she herself is seeing it pass
blacker than a raven
followed by a solemn smell
like a king's asshole.

But I only see
roads and barbed wire
and beasts
        male and female
        relishing their battle
she does not let up
sitting on my luggage
raising her boots
heavy with mud
nailing me with eyes
beautiful but beyond salvation.

En tiempos difíciles

A aquel hombre le pidieron su tiempo
para que lo juntara al tiempo de la Historia.
Le pidieron las manos,
porque para una época difícil
nada hay mejor que un par de buenas manos.
Le pidieron los ojos
que alguna vez tuvieron lágrimas
para que contemplara el lado claro
(especialmente el lado claro de la vida)
porque para el horror basta un ojo de asombro.
Le pidieron sus labios
resecos y cuarteados para afirmar,
para erigir, con cada afirmación, un sueño
(el-alto-sueño);
le pidieron las piernas
duras y nudosas
(sus viejas piernas andariegas),
porque en tiempos difíciles
¿algo hay mejor que un par de piernas
para la construcción o la trinchera?
Le pidieron el bosque que lo nutrió de niño,
con su árbol obediente.
Le pidieron el pecho, el corazón, los hombros.
Le dijeron
que eso era estrictamente necesario.
Le explicaron después
que toda esta donación resultaría inútil
sin entregar la lengua,
porque en tiempos difíciles
nada es tan útil para atajar el odio o la mentira.
Y finalmente le rogaron
que, por favor, echase a andar,
porque en tiempos difíciles
esta es, sin duda, la prueba decisiva.

In trying times

They asked that man for his time
so that he could link it to History.
They asked him for his hands,
because for trying times
nothing is better than a good pair of hands.
They asked him for his eyes
that once had tears
so that he should see the bright side
(the bright side of life, especially)
because to see horror one startled eye is enough.
They asked him for his lips,
parched and split, to affirm,
to belch up, with each affirmation, a dream
(the great dream);
they asked him for his legs
hard and knotted
(his wandering legs),
because in trying times
is there anything better than a pair of legs
for building or digging ditches?
They asked him for the grove that fed him as a child,
with its obedient tree.
They asked him for his breast, heart, his shoulders.
They told him
that that was absolutely necessary.
They explained to him later
that all this gift would be useless
unless he turned his tongue over to them,
because in trying times
nothing is so useful in checking hatred or lies.
And finally they begged him,
please, to go take a walk.
Because in trying times
that is, without a doubt, the decisive test.

Pausa

Abro el periódico
                las puertas
respiro
       y conmigo respira este jardín
cerca del mar
            y el árbol detrás de la ventana
se mueve
         con el ritmo de mi respiración
El día de ayer
            ya es ruina
y el espasmo de ayer
      piedras que tiemblan
         ruinas.
Ahora duerme
     a pierna suelta
        el hombre rana
El espía desayuna contento
        despreocupado
—todas las claves fueron descifradas—
en tanto que
      el radar gira en la torre
parece que aletea
      contra la superficie impávida del cielo

Calm

I open the newspaper
                        the doors
I breathe
         and this garden
near the sea
             breathes with me
the tree outside
     stirs
          with the rhythm of my breathing
Yesterday
     is now a ruin
yesterday's spasm
         trembling stones
             shards
Now the frogman
         his legs sprawled out
             is sleeping
The spy eats a carefree breakfast
—all the codes deciphered—
meanwhile
         on the tower
         the radar turns
as though fluttering
         against a pane of imperturbable sky

Un restaurante al aire libre en el otoño de Budapest

Debe ser por un rapto de mi antigua indolencia
que me he puesto a pensar
en aquellas terrazas circulares
donde por un capricho del otoño de Hungría
cenábamos temblando
en medio de los troncos renegridos
mientras el viejo mozo nos cubría
con las mantas de lana
y palabras amables, intraducibles, largas
como la música de un órgano
que atraviesa el verano
y trueca los temas casi obsesivos de mi poesía
—porque hace mucho tiempo que no hablo de países—
pero este sitio de Budapest vuelve.
Unas mesas de troncos recurrentes
inundan las terrazas circulares,
y la bandeja oval atraviesa nuevamente el otoño,
el camarero alza su mano herida por las guerras,
una pierna de reno cae ante mí
como el brazo torcido de van de Velde,
como La Hire, pintando a manotazos
"La muerte de los niños de Bethel" . . .

Pero no te enamores de esos encuadres laterales
de adorador de hojas de otoño!—grita mi amigo
          de Cienfuegos.
Bebe a sorbos tu vino. Pasa cantando por la vida.
Logra ser admirado
como un ser que cultiva la existencia más sana.
Enemigo obstinado de la soberbia,
de la misantropía, de la engañosa beatitud
y todos los desbordamientos equívocos o sobrenaturales.

A sidewalk café: Budapest, autumn

It must be a twinge of my old indolence
which has set me to thinking
about those circular terraces
where by a whim of the Hungarian autumn
we dined shivering
among the trunks of blackened trees
while the old waiter covered us
with wool shawls
and kind words, untranslatable, long,
like organ music
that crosses summer
and distorts the almost obsessive themes of my poetry
—because for a long time I haven't talked about countries—
but this place in Budapest comes back to me.
Tables of repeating trunks
fill the circular terraces,
and the oval tray once again crosses the autumn,
the waiter raises his hand scarred by war,
a haunch of venison falls before me
like the twisted arm of van de Velde,
like La Hire, painting in huge strokes
"The Death of the Children of Bethel" . . .

But don't fall for those prints
by an autumn-leaf lover—cries my friend
        from Cienfuegos.
Sip your wine. Go singing through life.
Try to be admired
as someone who lives wisely,
sworn enemy of pride,
of misanthropy, of deceiving virtue
and of all mistaken or supernatural gush.

El abedul de hierro

En los bosques de Rusia
yo he visto un abedul.
Un abedul de hierro,
un abedul que lanza como los electrones
su nudo de energía y movimiento.
Y cuando cae la lluvia de sus ramas
el bosque se estremece
con un ruido más lánguido y más lento
que los yambos de Pushkin.

A caballo,
metido por la maleza,
a ciegas,
oigo el rumor que llega
desde el centro del monte
donde está el abedul.

Las ortegas escalan por su tronco,
los pájaros confunden sus hojas con las ramas,
las ardillas rehuyen su corteza,
encandila el espacio de su sombra.

Si alguien lo mueve
él pega saltos increíbles.
Si alguien lo corta
él entra, súbito
en el horror de sus batallas.
Si alguien lo observa,
él se vuelve un centinela de atalaya
(en Norilsk o Intá).
Los uros lo olfatean,
pero su sangre se cristaliza
como las aguas en invierno.

En los bosques de Rusia
yo he visto ese abedul.
En él están todas las guerras,
todo el horror,
toda la dicha.

The birch tree of iron

I have seen a birch tree
in the forests of Russia,
a birch tree of iron,
a birch that hurls its bolt
of energy and motion
like a storm of electrons.
And when the rain drips from its branches
the forest is moved with a sound
slower and more languid
than the iambs of Pushkin.

On horseback,
set about by the undergrowth,
blindly,
I hear the murmur that comes
from the center of the mountain
where the birch tree is.

Grouse climb up its trunk,
birds take its leaves for branches,
squirrels shun its bark,
the space of its shadow dazzles.

If you shake it
it whips back wildly.
If you cut it
it enters, suddenly,
into the horror of battle.
If you watch it,
it becomes an armed guard
(in Norilsk or Inta).
Wild boars sniff it,
but its blood forms crystals
like water in winter.

In the forests of Russia
I have seen that birch.
All wars were in it,
all horror,
all sudden joy.

31

Un abedul de hierro
hecho a prueba de balas y de siglos.
Un abedul que sueña y gime.
Todos los muertos que hay en Rusia
le suben por la savia.

A birch tree of iron
bulletproof, time-proof.
A birch that dreams and groans.
All the dead in Russia
rise up through its sap.

Canción de la torre Spáskaya

El guardián
de la torre de Spáskaya
no sabe
que su torre es de viento.
No sabe
que sobre el pavimento
aún persiste la huella
de las ejecuciones.
Que a veces
salta un pámpano sangriento.
Que suenan las canciones
de la corte deshecha.
Que en la negra buhardilla
acechan los mirones.
No sabe
que no hay terror que pueda
ocultarse en el viento.

Song of the Spasskaya tower

The guard
in the Spasskaya tower
does not know
that his tower is made of wind.
He doesn't know
that the stones are pocked
still with the marks
of executions,
that sometimes
a bleeding tendril of vine shoots up,
that you can hear the songs
of the outcast court,
that in black garrets
faces are pressed to windows.
Trusting in walls,
he does not know
that there is no terror
that wind can hide.

Los enamorados del bosque Izmailovo

La primavera le da la razón.
El viento lo inunda y puede descifrarlo.
Los árboles pueden comprenderlo.
La vida quiere dialogar con él.

Inmenso tren, detente
en medio de la vía
para que veas al dichoso.
El poeta rompió su caja de penumbras,
huyó el dolor que traicionaba su poesía
y hoy lo acogen el bosque
donde ella se reclina,
y el temblor de su pelo en el aire salvaje.

Su sangre es más ligera
cuando siente su piel, sus labios
se abren dóciles al roce de estos labios;
la claridad del mundo resbala por su sien,
cae a trozos en la yerba,
transparenta el abrazo,
y entre los poros de esta muchacha él vive,
en toda soledad busca su forma única,
sobre los hombros débiles de niña
él sueña que se apoya la fuerza de la vida.

Detente, explorador,
y de una vez enfoca
tu catalejo escéptico
para que veas a éste: el triste y solitario
quiere plantar los abedules
que hagan más ancho el cielo de Izmailovo,
con su tibia penumbra de hojarascas y pájaros.
¡Porque hoy este hombre ama!

Y el cartero que sale de un local desolado
lleva el nombre de ella ardiendo en el bolsillo;
las ortegas que huyen presurosas,
la ardilla que contempla el fruto aún verde

The lovers of the Izmailovo forest

Spring confirms him.
The wind floods him and can make sense of him.
The trees can understand him.
Life would converse with him.

Immense train, halt
in the middle of the track
to see the lucky man.
The poet broke his shadow box,
fled the pain that betrayed his poetry,
and today the woods
in which she reclines
and the trembling of her hair in the wild air
welcome him.

Her blood moves faster
when he feels her skin, her lips
open docile to the brush of his lips;
the brightness of the world slides over her temple,
falls in shards in the grass,
shines through the embrace,
and through the pores of this girl he lives,
in utter solitude seeks her unique form,
he dreams that the full shock of life is borne
by the girl's frail shoulders.

Stay, explorer,
and once for all focus
your skeptical telescope
to see this man: sad and solitary,
he wants to plant birches
that will widen the sky of Izmailovo
with their cooling shadow of leafstorm and birds.
For today this man is a lover.

And the postman that leaves a desolate place
carries her name burning his pouch;
the grouse that, anxiously, whir away,
the squirrel that contemplates the still-green fruit

la elogian, la celebran;
las flores de Tashken, las crujientes
brujitas de Lituania,
los grandes arces ucranianos
tejen guirnaldas para su sorprendente
cabeza de hechizada.

Y él anda loco, habla con todo el mundo;
la lleva de la mano, la conduce;
y al regresar en metro hasta su casa,
sube corriendo, alegre, la escalera;
desde la buhardilla
contempla el sol que pica
sobre la plaza enorme,
pero al abrir los libros de Blok y de Esenin,
descubre nuevos agujeros,
y hoy siente piedad por la polilla.

praise her, celebrate her;
flowers from Tashkent, the crackling
little kalanchoe plants of Lithuania,
great Ukrainian sycamores
weave garlands for her astonishing
enchanted head.

And he walks like a madman, speaks to everyone;
he raises her by the hand, leads her;
and when he returns by the Metro to his house,
runs happy up the stairs;
from his dormer window
he watches the sun as it stings
the huge square,
but when he opens Blok's and Esenin's books
he discovers new wormholes
and today feels a sympathy for the dust.

Última primavera en Moscú

Mira esta primavera que ha llegado corriendo
y gira sobre las estaciones.
Mírala cómo llena las plazas de Moscú.
¿Qué haces tú, solitario, que no vas a alcanzarla?
Gruñón, ¿qué estás haciendo
bajo la capa turbia de las imprecaciones?

Mírala levantarse
en el botón reciente de la rosa,
energía del año, perfume entusiasta de los seres.
Con la pipa encendida del poeta,
tú recuerdas la hora siniestra del invierno
que hasta ayer aleteaba en tu hombro sin fuego.

Arden las casas en el aire nuevo.
Se vuelcan en el río los lastres del invierno.
La vida es el retoño que se abre lentamente
como se cierra una herida.
El abedul engendra su hoja ciega.
Están vibrando hasta los materiales
ocultos de los capullos,
contrarrestados por cada caminante sin edad.
Y el amor es el único elemento.
Con la súbita primavera los deseos despiertan
como los uros, muy silenciosos, muy sedientos.

The last spring in Moscow

Look at this spring that has arrived in a rush,
and goes whirling over the stations.
Look at it filling Moscow's squares.
You there, alone, why don't you join in?
Old groaner, what are you doing
under your rustling cape of curses?

Look at it rise up
in the new bud of the rose,
the year's energy, the wild perfume of being.
In the lit pipe of the poet,
you remember the sinister hour of winter
which as late as yesterday beat in your unwarmed shoulder.

Houses take fire in this new air.
The ballast of winter is dumped in the rivers.
Life is the sprout that opens slowly
as a wound closes.
The birch tree brings out its blind leaf.
Even the secret substance
in cocoons begins to vibrate,
echoed in each ageless walker.
And love is the only element.
With the sudden spring, desires awake
like aurochs, thirsty and full of silence.

Oración para el fin de siglo

Nosotros que hemos mirado siempre con ironía e
                                  indulgencia
    los objetos abigarrados del fin de siglo: las
                               construcciones
    y los hombres trabados en oscuras levitas.
Nosotros para quienes el fin de siglo fue a lo sumo
    un grabado y una oración francesa.
Nosotros que creíamos que al final de cien años sólo había
    un pájaro negro que levantaba la cofia de una abuela.
Nosotros que hemos visto el derrumbe de los
                               parlamentos
    y el culo remendado del liberalismo.
Nosotros que aprendimos a desconfiar de los mitos ilustres
    y a quienes nos parece absolutamente imposible
    (inhabitable)
    una sala de candelabros,
    una cortina
    y una silla Luis XV.
Nosotros, hijos y nietos ya de terroristas melancólicos
    y de científicos supersticiosos,
    que sabemos que en el día de hoy está el error
    que alguien habrá de condenar mañana.
Nosotros, que estamos viviendo los últimos años
    de este siglo,
    deambulamos, incapaces de improvisar un
                               movimiento
    que no haya sido concertado;
    gesticulamos en un espacio más restringido
    que el de las líneas de un grabado;
    nos ponemos las oscuras levitas
    como si fuéramos a asistir a un parlamento,
    mientras los candelabros saltan por la cornisa
    y los pájaros negros
    rompen la cofia de esta muchacha de voz ronca.

A prayer for the end of the century

We who have always looked with tolerant irony
    on the mottled objects of the end of the century:
                        the vast structures
    and men stiff in dark clothes
We for whom the end of the century was at most
    an engraving and a prayer in French
We who thought that after a hundred years there would be only
    a black bird lifting a grandmother's bonnet
We who have seen the collapse of
                    parliaments
    and the patched backside of liberalism
We who learned to distrust illustrious myths
    and who see as totally impossible
    (uninhabitable)
    halls with candelabra
    tapestries
    and Louis XV chairs
We children and grandchildren of melancholy terrorists
    and superstitious scientists
We who know that the error exists today
    that someone will have to condemn tomorrow
We who are living the last years of this century
    wander about unable to improvise
                  movements
    not already planned in advance
    we gesture in a space more straitening
    than the lines of an etching;
    we put on formal clothes again,
    as though we were attending another parliament,
    while the candelabra sputter at the cornice
    and the black birds
    tear at the bonnet of that hoarse-voiced girl.

La sombrilla nuclear

Los viajeros tal vez,
pero yo no estoy seguro de que pueda encontrar una
                                    zona de
protección.
En el mundo ya no quedan zonas de protección.
Cuando subo escaleras de cualquier edifico de
                                    una ciudad
de Europa,
        leo con indulgencia: "Shelter Zone"
y respiro confiado;
pero al llegar al último escalón
me vuelvo hacia el cartel
que sobrevive como las antiguallas.
Los anuncios de protección
son artilugios que decoran nuestra moral desesperada.
Ni siquiera hay ciudades modernas.
Todas las calles están situadas en la antigüedad,
pero nosotros vivimos ya en el porvenir.
Más de una vez compruebo
que estoy abriendo las puertas y ventanas
de una casa arruinada.
Los toldos de los cafés al aire libre han echado a rodar,
los comerciantes sobrevuelan las calles,
cortan el tránsito como una flor.
Pero yo no soy un profeta ni un mago
que pudiera deshacer los enigmas contemporáneos,
o explicar de algún modo esta explosión.
No soy más que un viajante de Comercio Exterior,
un agente político con pasaporte diplomático,
un terrorista con apariencia de letrado,
un cubano (sépanlo de una vez),
el tipo a quien observa siempre la policía de la aduana.
Hace tres horas que están registrando
                        desaforadamente mi equipaje.

        II

Usted,
        señor viceministro de Política Comercial,
joven, ligeramente hepático, admirable, con
                                    experiencias
del pasado,

44

Nuclear umbrella

Travelers perhaps,
but I am not sure of finding
                               a shelter zone.
The world no longer has any shelter zones.
When I go up the stairs in any building
                               in any city
in Europe,
        I gratefully read "Shelter Zone" (in another language)
and breathe easy;
but when I come to the last step
I turn to the sign,
which survives like a relic.
The shelter signs
are artifacts which decorate our screwed-up ethics.
There are not any modern cities.
The streets are all laid in antiquity,
but we live now in the yet-to-come.
More than once I realize
that I am opening doors and windows
in a ruined house.
The awnings of sidewalk cafés have begun to whirl,
merchants fly over the streets,
they cut through the traffic as though it were a flower.
But I am not a prophet or magician
to unknot contemporary enigmas,
or explain somehow this explosion.
I am no more than a traveler for Foreign Trade,
a political agent with a diplomatic passport,
a terrorist with a bookish look,
a Cuban (let's make no bones about it),
the guy the customs always watch.
They spend three hours
                               taking apart my bags.

        II

You, sir,
        Undersecretary of Commerce,
young, slightly jaundiced, respected,
                               with past experience,

no podía sospechar esta escena.
Usted discutió el plan, señaló el viaje
            para el 20 de enero;
            pero ignoraba
que todos los proyectos estarían arruinados este día.
      Mi único error
consistió en no advertirle que un veinte de enero
                                         nací yo.

                III

De la adivinación,
de la pequeña trampa de la inmortalidad,
vivieron los antiguos;
y nosotros somos su porvenir y continuamos
viviendo de la superstición de los antiguos.
Nosotros somos
el proyecto de Marx, el hedor de los grandes cadáveres
que se pudrían
            a la orilla del Neva
para que un dirigente político acierte o se equivoque,
o para que me embarque y rete a la posteridad
            que me contempla
desde los ojos de un Gerente
            que ahora mismo
leyó mi nombre de funcionario en su tarjeta de visita.

                IV

Las horas van tan rápidas que me atraso a mi vida.
Ya tengo hasta el horror
y hasta el remordimiento de pasado mañana.
Me sorprendo, de pronto, analizando el mecanismo de mi
                                         serenidad
viajando
entre el este y el oeste,
a tantos metros de altitud,
observado, sonriente, por la azafata que no sabe
que soy de un continente de luchas y de sangre.
¿Es que la flor de mi solapa me traiciona?
¿Y quién diablos puso esta flor en mi solapa como una rueda
insólita en mi cama?

                46

could not have suspected this scene.
You, sir, discussed the plan, fixed the trip
        for the 20th of January
        but you did not know
that all the projects would be ruined today.
        My only error
consisted in not advising you, sir, that on the 20th of January
                                        I was born.

                III

By fortunetelling,
by the little cheat of immortality,
old people lived;
and we are their future and continue
living by the superstition of the old.
We are
Marx's dream, the stench of the great corpses
that rotted
        on the banks of the Neva
so that a high official could be right or wrong,
or so that I could embark and challenge posterity,
        which studies me
through the eyes of an Agent
        that at this very moment
has read my name and rank on a visiting card.

                IV

Hours go by so rapidly that I'm behind in my life.
I still feel something like horror
and even remorse for the day after tomorrow.
I surprise myself, suddenly, analyzing the mechanism of my
                                        serenity
traveling
between East and West,
at such and such an altitude
watched by the smiling stewardess who doesn't know
that I come from a continent of struggles and blood.
Could it be that the flower in my lapel betrays me?
And who the devil put this flower in my lapel
like a wheel tacked onto my bed?

47

Ese hombre que fornica desesperadamente en hoteles de paso.
Ese desconcertado que se frota las manos,
el charlatán sarcástico y a menudo sombrío,
solo como un profeta,
por supuesto, soy yo.
Me estoy vistiendo en un hotel de Budapest, deformado
por otra luna y otro espejo,
feo; pero el Danubio es lindo y corre bajo los puentes.
Viejo en sotana, Berkeley, yo te doy la razón: esas aguas
no existen, yo las recreo igual que a esta ciudad.
    A un lado Buda,
    al otro lado Pest, un poco más allá está Obuda.
    Aquí hubo una contrarrevolución en 1956;
    pero sólo los viejos la recuerdan.
Intente usted decirlo a estos adolescentes que se
                        devoran
en los cafés al aire libre, en el pleno verano.
Una muchacha judía me dice que tiene visa para ir
                        a Viena
    (y con cincuenta dólares).
Un poeta me cuenta que ya circulan por el país
libros de editoriales extranjeras
    ("y han regresado muchos exiliados").
Bebe; se achispa y me recita la Oda a Bartok,
                    de Gyula Illyés.
Otro me dice que casi está prohibido hablar de
                    guerrilleros,
que él ha escrito un poema
pidiendo un lugar en la prensa
    para los muertos de Viet Nam.
Luego vamos al restaurante; bebemos vino con
                    manzanas;
comemos carne de cordero
    con aguardiente de ciruelas,
"Pero esta paz"—grita Judith como quien emergiera
                    del lago
Balatón—"esta paz es una inmoralidad."

V

That man who couples desperately in motels,
that confused man who wrings his hands,
the sarcastic and often gloomy charlatan,
alone like a prophet,
is, of course, me.
I am dressing in a hotel in Budapest, deformed
by another moon, a different mirror,
ugly; but the Danube is lovely and runs under the bridges.
Old man in a cassock, Berkeley, you were right: those waters
do not exist, I re-create them, just as I re-create this city.
      On one side Buda,
        on the other side Pest, a little farther on is Obuda—
        here there was a counterrevolution in 1956;
        but only old men remember it.
Try, sir, to tell it to these adolescents who devour
                            themselves
in open-air cafés in high summer.
A Jewish girl tells me that she has a visa to go to Vienna
      (and fifty dollars).
A poet tells me that throughout the country
books from foreign publishers circulate now
      ("and many exiles have returned").
He drinks; he comes alive and recites to me the Ode to Bartók,
                     by Gyula Illyés.
Another man tells me that it is almost forbidden to talk
                    about guerrillas,
that he has written a poem
requesting notice in the press
      for the dead of Vietnam.
Later we go to a restaurant; we drink wine
               with apples;
we have lamb
      with plum brandy.
"But this peace"—shouts Judith, like one escaping
               from Lake Balaton—
      "is a piece of shit!"

Yo he visto a los bailarines de ballet, en Paris,
                                        comprar
capas de Nylon.
Las vendían después a cien rublos en Moscú.
En una plaza enorme
me querían comprar mi capita de Nylon.
Era un adolescente. Se dirigió a mí en inglés.
Le dije mi nacionalidad
y me observó un instante.
Súbitamente echó a correr.

En medio de la fría, de la realmente hermosa y fría
primavera de Moscú,
yo he visto las capitas
azules,
ocres,
pardas.
Las estuve mirando
hasta que terminó el verano. Flotaban
sobre los transeúntes,
occidentales, tibias
(parecían orlas),
a bajo precio en Roma, a bajo precio en Londres,
a bajo precio en Madrid;
la industria química esforzada
en las astutas combinaciones del mercado
para que un bailarín las compre apresuradamente,
a la salida de un ensayo,
en los supermercados de París:
miles de bailarines revendiendo, comprándolas, ocultándolas
como demonios diestros en las maletas anticuadas.

VII

Imposible, Drummond, componer un poema a esta altura
                                  de la civilización.
El último trovador murió en 1914.
Imposible detenerse a encontrar, no diré yo la calma
                                  que uno tiene

50

VI

I have seen ballet dancers, in Paris,
                    buying
nylon windbreakers.
They would sell them later for a hundred rubles in Moscow.
In a huge square
they wanted to buy my little nylon windbreaker.
He was a teenager. He spoke to me in English.
I told him I was Cuban
and he stared at me a second.
Suddenly he took off.

In the middle of the cold, of the really beautiful, cold
Moscow spring,
I have seen those jackets
blue,
yellow,
brown.
I was there, watching them
till summer ended. They floated
over the passers-by,
Western, warm
(they looked like a fringe),
cheap in Rome, cheap in London,
cheap in Madrid;
the chemical industry engaged
in the clever machinations of the market
so that a ballet dancer might hastily buy them,
as he left a rehearsal,
in the Paris department stores.
Thousands of dancers like agile demons
reselling, buying them, hiding them in their frumpy suitcases.

VII

Impossible, Carlos Drummond, to compose a poem
        at this late stage of civilization.
The last troubadour died in 1914.
Impossible to stop to find,
        I will not say the calm that one gets

51

de sobra desdeñada,
sino una simple cabaña de madera,
una ventana sin radar,
una mesa de pino sin mapas, sin las reglas de cálculo.
¿De qué lado caerá algún día mi cabeza?
¿Cuánto dará la CIA por la cabeza de un poeta,
                              vivo o muerto?
¿En qué idioma oiremos una noche, o una tarde,
                              el alerta
        en la áspera voz de los gramófonos?
Porque nadie vendrá a calmar a los amantes o a los
                              desesperados.
(Se salvará el que pueda, y el resto a la puñeta).
Ya ni siquiera es un secreto que los conjuntos folklóricos
        fueron adoctrinados
        y cualquier melodía predispone al desastre.
¿Dónde pudiera uno meterse, al cruzar una esquina,
                              después
de haber oído las últimas noticias?
Efectivamente,
        alguien puede ocultarse en los tragantes,
        o en las alcantarillas,
        o en los tiros de las chimeneas.
Han visto a gente armada saliendo de las cuevas,
                              calándose
las gorras desteñidas;
        hacen rápidos mapas en el polvo, son expertos
en la feroz alianza de un palo y de una piedra
        (todo cuanto arruine y devaste).
Somos los hijos de estas ciudades maravillosamente
                              adecuadas
        para la bomba.
Lo mejor
        (y lo único que podemos hacer por el momento)
        es salir de nuestras bibliotecas
a ventilar los piojos que se abren paso en nuestras páginas;
        porque ya para siempre
hemos perdido el único tren que pudo escapar a la explosión.

from excessive scorn,
but rather a simple wood cabin,
a window with no radar,
a pine table with no maps, no calculations.
Which side will someday have my head?
How much will the CIA give for the head of a poet,
                                          dead or alive?
In what language will we hear one night, or afternoon,
                                     the alert
      in the harsh voice of the loudspeakers?
Because no one will come to calm the lovers or the desperate.
(Sauve qui peut, and screw the rest.)
Now it is not even a secret that the folklore groups
      were indoctrinated
      and any melody whatever may pave the way to disaster.
Where can you go, when you've crossed the street
and heard the latest news?
Certainly,
      you might hide in the drains,
      or in the sewers,
      or in chimney stacks.
Armed men have been seen coming out of caves,
                           pulling down
their grubby caps;
      they make rapid maps in the dust, they are experts
in the fierce alliance of a stick and a stone
      (in everything that ruins and lays waste).
We are the children of these cities
                         wonderfully made
      for the bomb.
The best thing
      (and the only thing we can do for the moment)
      is to get out of our libraries
to shake out the bookworms that crawl through our pages;
      for already, forever,
we have missed the only train that could escape the explosion.

Técnicas de acoso

Pueden fotografiarlas
junto a un rosal
en un jardín etrusco
frente a la columnata del Partenón
con sombreros enormes
entre cactus en México
llevando los colores de moda
el pelo corto o largo
y boinas de través como conspiradores:
no cambiarán
no dejarán de ser las mismas
la barbilla en acecho
el rostro de óvalo
y los ojos cargados de un persistente desamparo
¿pero qué pensamientos
se agitan debajo de las melenas crespas
o lacias
de estas muchachas que ilustran
las revistas de moda?

Casi todas son pálidas
y están como cansadas
Las líneas de sus manos son estrictas y melancólicas
Mudan cada seis meses
de vestidos zapatos peinados y sombreros
y yo siempre descubro
un rizo fantasmal
bajo la onda bermeja
No importa que se cubran con pieles de visón
o lleven botas de vinil
faldas de cuero
o usen nuevas pelucas:
siempre las reconozco
bajo cualquier disfraz
lo mismo que a un espía.
Además
me persiguen en trenes o en aviones
sobre todo de noche
se benefician con la oscuridad
andan de tres en tres

Techniques of pursuit

They may be photographed
beside a rosebush
in an Etruscan garden
in front of the columns of the Parthenon
with huge sun hats
among cactus in Mexico
wearing fashion colors
hair long or short
and berets raked like conspirators:
they will not change
they will not stop being the same
the chin raised watchfully
the oval face
and eyes wide with a persistent helplessness
but what thoughts
are stirring under hair, curly
or straight,
of these girls who adorn
the fashion magazines?

Almost all of them are pale
and they seem tired.
The lines of their hands are severe and melancholy.
Every six months they change
dresses shoes hairstyles and hats
and I always detect
a ghostly curl
under the henna wave.
They may be wearing mink
or vinyl boots
leather skirts
or different wigs:
I always recognize them
under any disguise
just as I would a spy.
What is more,
they follow me in trains or planes
most of all at night
they use the dark
they walk in threes

a mi espalda
                    a mi lado
                              frente a mí.

Dos trepan a los árboles
con la cámara en mano
otra resbala debajo de un avión
con el ojo torcido de las agonizantes
y observan y miden mis reacciones
para indagar si tiemblo o lloro ante la muerte.
Que sufra
                    tenga hambre o las desee
                                        no les importa
Su tarea
no es hacer el amor sino ilustrarlo.

behind me
        beside me
                before me.

Two climb up trees
camera in hand.
Another one slides under a plane
with the agonized eye of the dying
and they observe and measure my reactions
to see if I tremble or cry at death.
That I suffer
        am hungry, or desire them
                          doesn't matter to them
Their task
is not to make love but to illustrate it.

Via Condotti

Aquí
    donde Blasfemia y Oración
negocian
    como el chulo y la prostituta,
yo
   —que pensé comprarme
gafas ahumadas para el verano—
tendré que conseguir
    uno de esos triciclos de colores
que abundan en las ferias
para pasar delante de las nuevas beatas
impaciente
       y desnudo
            como un cristo veloz.

Via Condotti

Here
    where Blasphemy and Prayer
traffic
    like the pimp and the whore
I
  —who planned to buy myself
dark glasses for summer—
will have to find
    one of those colored tricycles
you see all over at fairs
so I
    will be able to pass before the new nuns
    impatient
        naked
            like a streaking Christ.

Lamentación

Ah, mi viejo Numa Pompilio,
si yo hubiera tenido aquella ninfa
que te inspiraba en tus resoluciones,
la dríada morena de los labios risueños
que extraía tus triunfos de su boscaje.
Si yo hubiera tenido ondinas y nereidas
que pulieran estos ojos miopes
     con sus metamorfosis.
Pero sólo dispuse de un Consejero inculto
que alentaba envidioso mis prevaricaciones.

Lamentation

Ah, my old Numa Pompilius,
if I had had that nymph
that inspired you in your resolves,
the dark dryad with smiling lips
who pulled out your triumphs from her grove.
If I had had ondines and nereids
to polish these myopic eyes
      with their metamorphoses.
But I only had at hand a vulgar Advisor,
a jealous Muse to my wild inventions.

Una pregunta a la escuela de Frankfurt

¿Qué piensa él?
¿Qué es lo que está pensando
ese hombre,
que tiembla entre un fusil y un muro?

Respondan preferiblemente
en el siguiente orden:
Horkheimer
Marcuse
Adorno.

Reordenen la pregunta
si lo creen necesario:
entre un fusil y un muro
¿qué es lo que está pensando
ese hombre que tiembla,
al alcance de un ojo, enterrado en su edad,
y sin embargo a punto de ser sacado de ella
de un empujón
que no pudo soñar jamás la madre que lo parió?

A question for the Frankfurt School

What does he think?
What is it he is thinking,
that man
who trembles between a rifle and a wall?

Answer preferably
in the following order:
Horkheimer
Marcuse
Adorno.

Rephrase the question
if you think it necessary:
Between a rifle and a wall
what is it that he is thinking,
that man who trembles,
within eyeshot, buried in his time
and nonetheless about to be taken from it
by a blow
that the mother who bore him
could never have dreamed of?

Los alquimistas

Cuando la magia estaba en bancarrota,
en esos días que se parecen tanto a la dimisión
de los cuervos
(ya sin augurios la piedra filosofal),
ellos cogieron una idea,
una formulación rabiosa de la vida,
y la hicieron girar
como a la bola del astrólogo;
miles de manos desolladas
haciéndola girar
como una puta vuelta a violar entre los hombres,
pero ya de la idea sólo quedaba su enemigo.

The alchemists

When magic was in bankruptcy,
in those days when the crows
seemed to have given up the work
(and the philosopher's stone held no more augury),
they took an idea,
a furious formulation of life,
and they made it spin
like the astrologer's globe;
thousands of brazen hands
making it spin
like a whore returned to rape men,
but, as for that idea,
only its enemies remain.

Historia

—Mañana
caminarás hacia otras tardes
y todas tus preguntas
fluirán
como el último río del mundo.

—Mañana, sí, mañana . . .

—Y, antes del alba,
frente a los grandes hornos,
entre los hombres
sudorosos, oirás la canción
con que se amasa el pan.
Conocerás
los muertos muy amados,
hijo mío; la Historia
que cubre de polvo
sus bestias, sus errores . . .

—Mañana, sí, mañana . . .

En el salón
atardecido, la penumbra
se hunde en el muchacho
que ve las armas, los escudos.
El abuelo
gesticula y predice
como en la eternidad.

History

—Tomorrow
you will walk toward other evenings
and all your questions
will flow like the last river of the world.

—Tomorrow, yes, tomorrow . . .

—And, before daybreak,
in front of the great ovens,
among the sweating men,
you will hear the song
that they knead bread by.
You will meet
the much-loved dead,
my son; History
which covers its follies
its errors with dust.

—Tomorrow, yes, tomorrow . . .

In the darkening
room, the gloom
descends on the boy
who sees arms, shields.
His grandfather
gestures and foretells
as in eternity.

Síntesis

Todos los días le daba de comer al gorrión.
Sabía que era el mismo
por la gota de sangre que el roce de una rama
dejó en su ala.
Le ahorraba la fatiga del trabajo,
lo hartaba con las migas de pan,
le quería calmar la herida y el dolor.
Y hoy lo he visto lanzarse contra una mariposa.
Abrió, engrifó el plumaje
—las patas triturando un gran viento de colores y alas.
Y me miró un segundo antes de huir
y el polvo ceniciento le cubría aún el pico
más bien curvado como una uña de Hegel.

Synthesis

Every day I would feed the sparrow.
I knew it was the same sparrow
by the drop of blood left on its wing
by a raking branch.
I spared it the trouble of working,
I fed it full of breadcrumbs,
I wanted to soothe its wound and pain.
And today I saw it attack a butterfly.
Its plumage spread and curled
—the claws crushing a whirl of wings and colors—
and it looked at me a second before flying off;
the ashy dust covered even its beak,
curved like a fingernail of Hegel.

Viejos óleos romanos

Los mendigos renuentes que conocieron su soberbia
y sucumbieron a su apostasía
apenas muestran el perfil diluido
en el color de bronce antiguo del lienzo
con un tinte más vivo que la luz de este cielo
que raya con la divinidad caduca de goznes y de puertas
destruidos igual que la ciudad.
Aquí pastaron los gordos dragones de la soberbia,
y los vinos chorrearon como aguaceros
encima de su cuerpo entonces vivo y ágil.
¿Quién se rindió a este brazo de guerrero?
¿Dónde quedó finalmente su herencia?
¿En qué vientre dejó su único empuje de ternura,
su única sed dichosa y obediente?
Mujeres en los acantilados, en medio de la espuma,
graves reinas lechosas en el atardecer de oro, hoy muertas.
¿Y una de ellas amamantó su estirpe?
Se ven, se oyen crujir las ramas del olivo
por encima del acueducto abandonado
que extiende su terca lealtad, casi calcárea,
al extremo de un campo de cornejas.
Sus casas linajudas fueron pasto de llamas,
y su casco y su lanza herrumbre atravesada
servilmente por aguas.
PAX a los senadores de la huesa bermeja de los siglos,
dioses del moho, resuelta en medallitas, en *souvenirs*,
en batientes desnudas, soldadas al sol como la sangre
de sus desolladuras, cuando, seguramente,
en tardes como ésta, bajaba del carruaje
y estaban las altas y lujosas naves
ancladas tanto en el puerto como en su pasión.
Sus trompetas debieron resonar como los grajos de este óleo,
aunque más inminentes y temibles, mucho más agoreras.

Old Roman oils

Reluctant beggars who knelt to his arrogance
and succumbed to his apostasy
barely show their faded profiles
in the old bronze of the canvas
in a shade livelier than the light of this sky
bordering the feeble divinity of hinges and doors,
destroyed, as has been the city.
Here grazed the fat lizards of pomp,
and wines gushed in downpours
over their bodies then alive and supple.
Who surrendered to this warrior's arm?
What happened, finally, to his legacy?
In what belly did he leave his only warm thrust,
his only happy and obedient urge?
Women on the cliffs, in the midst of the spray,
grave milky matrons in the golden afternoon, now dead,
was one of these mother to his line?
You can see, hear the olive branches
scraping across the top of the abandoned aqueduct
that extends its stubborn fealty, almost calcified,
to the far end of a field of crows.
His highborn houses were fodder for flames,
and his helmet and rusted spear crossed
by creeping waters.
PAX to the senators in the rusty grave of the centuries,
mildewed gods, turned into souvenir medallions,
into naked wrestlers, welded to the sun like blood
to their wounds, when, surely,
on afternoons like this, they descended from their chariots
and there were the tall sumptuous ships
anchored as much in their passion as in the harbor.
Their trumpets must have resounded like the cracks of this
                                        painting,
though even more immediate and awesome, much more
                                        ominous.

Naturaleza muerta

La cabeza
La flor entre las alambradas
La torre de mando
El tirador
El par de perros ágiles
halando hacia adelante igual que el porvenir

El poeta
a la puerta de la carnicería
descifrando boquiabierto señales
El hermoso arabesco de los anuncios de neón
Los perros aúllan
por encima de los techos de los bares
En el árbol anidan pájaros superfluos
Pronto sonarán los disparos
El chapuzón de un cuerpo
La única música posible

Nature morte

The head
The flower through barbed wire
The control tower
The marksman
The pair of eager dogs
straining ahead like the future

The poet
at the door of a butcher shop
openmouthed deciphering signs
The elegant arabesque of neon signs
Dogs howl
over the roofs of the bars
In the trees extraneous birds are nesting
Soon, the sound of shots
The splat of a body
The only possible music

Los últimos recuerdos de Sir Walter Raleigh
en la Torre de Londres

Hasta ayer se movía
Vibraba al centro de la vida
como la sangre agotaba los límites de su cuerpo
Cada paso restauraba otro paso
Cada hazaña otra hazaña
Cada palabra hacía trizas la anterior
Árbol o luz o calle o mar o cielo
afirmaban la intemperie donde se diluía
pero hasta ayer
a ciegas
           sin saberlo.
Ahora se agrietan para él las dimensiones
El pecho se le comba en la cabeza
Los ojos en los pies como una idea fija
Y el mundo es bello más allá de esta torre
más allá de los sótanos
de las celdas
de estas cámaras de torturas
El mundo más hermoso que una puerta de escape
Los aires libres como el aire libre
Los mendigos y reyes ayunando a la fuerza
bajo los puentes
entorchados como porteros
ciñéndose los harapos multicolores
fornicando con bestias o masturbándose
pero en la libertad.

Puedo ver El Dorado
                    aún puedo verlo
aunque me falta—¿habrá algo siempre imprescindible?—
el ancho cielo de la Cruz del Sur
          abierto ante mis ojos igual que este ancho cielo
que se enreda en el tufo de los remolcadores
          —sobre todo de noche—
y lo atormentador:
          los espacios enormes
                    los campos   la intemperie de América
donde podía ver hasta los átomos del viento.

The last thoughts of Sir Walter Raleigh
in the Tower of London

Till yesterday he could move,
alert, full of life.
Like blood, he used his body to the limit.
Each step he took led to another step,
each scheme to another scheme.
Each word replaced the previous word—
tree, light, street, sky—
they all confirmed a crumbling world in which he foundered
until yesterday,
blind
      without knowing it.
Now, for him, all sense of scale disappears.
His head drops on his chest.
His eyes are fixed on his feet.
Beyond the tower all is wondrous,
outside the dungeons,
outside the cells,
the torture chambers,
the world is even more wondrous than the idea of escaping,
open-air places than the open air,
beggars and kings inevitably fasting,
under bridges,
dressed up like doormen,
sporting multicolored rags,
fornicating with beasts, or masturbating—
but free, all of them free.

"I can see El Dorado,
                still I can see it,
but—must something always be missing?—
I miss the wide sky of the Southern Cross
      open to my eyes like this wide sky
smudged by the black smoke of tugboats,
      especially at night,
and—even more painful—
      great distances,
           prairies   the expanse of the Americas
where I could see the atoms of the wind."

Un rápido escenario:
El Orinoco bronco y desatado
y árboles que se hunden en sus aguas
        y en todas partes pájaros.
Un proyecto
Mejor tal vez un sueño que tomara formas de pesadilla
En fin:
Sir Walter Raleigh mira desde la celda
el vuelo azul sin viento
y la humedad sin lluvia
y en la espesura de cal desportillada
la ceniza de hierro
del chillido metálico
del pájaro atrapado embadurnado en brea
que se seca a la orilla de los remolcadores.

Y no me engaño, incrédulos:
Sé bien que mis auspicios,
que os parecen ahora inexplicables,
con el tiempo se harán aún más inexplicables.
Pero hubo aquel sitio, existió aquella fuente;
yo la entreví en la juventud, que es igual al delirio:
mezcla de obstinación y de esperanza.
Tal vez sude sangre esta torre.
La gente se oculta o alivia con metáforas.
Para mí son simplemente piedras bajo la lluvia.
Sólo las cosas brillan por sí mismas,
los hombres necesitan su bufón y su espejo.

Here's the scenario:
The Orinoco in wild spate
and trees drowning in its waters
        and everywhere, birds.
A plan,
or rather, a dream turning into a nightmare.
In a word,
Sir Walter Raleigh is seeing from his cell
flight, blue windless flight,
damp, without rain,
and in the thickness of the dust
the metallic ash
and the rusted chip
of the bird trapped in encumbering tar
drying out beside the tugboats.

"I'm not deceiving myself, you unbelievers:
I know well that my prophecies,
which now seem strange to you,
in time will become even stranger.
But I know that place existed, that fountain.
I envisioned it in my youth, days like a dream,
a mixture of wishing and of hope.
Perhaps this tower sweats blood.
People take refuge in, comfort themselves with metaphors.
For me, they are simply stones under the rain.
Things shine in themselves alone.
It is men who need their jesters and their mirrors."

Infancia de William Blake

Mujer de la lámpara encendida,
ya velaste tres noches. Miras la llama
que tiembla y se achica, y sueñas.
¿Quién puede regresar por la noche de Soho,
entre la ennegrecida primavera de Lambeth?
Antigua que en la hora final
regabas el almizcle para que trascendieran
más sus telas, ¿pensabas que otra quemante
primavera inundaría también sus tierras,
y crecerían allí el hacinamiento y la desidia,
y que un viento más ancho que la noche
destrozaría las tablas del alero?
¿Pensabas al hablarle del silencio
o del tiempo, que ya era algo
hecho en el viento que nutría una muda corriente
en sus huesos livianos?

II

Sé su temor, girando como tu ala más dichosa,
¡pájaro de susurro y lamentación!

Es la noche. Ya nadie llama.

Pero a través de la ventana cerrada
él oye crujir la vaina de aquel árbol,
y es como si alguien golpeara.
Su más secreto juego se ha llenado de astucia.
El ve, desconsolado, en la negra llanura,
el humo de las casas que arden de noche,
y el paso de las bestias contra el fuego.

No abras la puerta. No llames.

III

En la orilla remota, un pájaro
hunde en su pecho el pico centelleante.
En la orilla remota están gritando.
La última barca se desprende.

78

The childhood of William Blake

Woman in the lamplight,
you have watched for three nights now. You see the flame
tremble and falter, and you dream.
Can anyone return through the Soho night,
in the sooty Lambeth spring?
Old woman, at the last hour
sprinkling the musk to sweeten his shroud,
did you ever think that another burning spring
would burst across his land,
that meanness and sloth would grow there,
and did you ever think that a wind wider than night
would strip the shingles from the eaves?
Did you ever think, when you talked with him of silence
or of time, that there was already something
in the wind feeding a silent current
in his brittle bones?

II

Wear his fear, that wheels like your carefree wing,
Bird of whispers! Bird of grief!

It is night now. No one calls.

But through the closed window
he hears the seedpods crack on that tree
and it sounds like someone knocking.
His most secret game is charged with cunning.
Depressed, he sees on the black expanse
the smoke of houses burning in the night
and the passing of beasts backlit by the fire.

Don't open the door. Don't call.

III

On the far shore, a bird
plunges its shining beak into its breast.
On the far shore they are wailing.
The last boat casts off.

79

"Al cobarde hay que dejarlo en la otra orilla . . ."

Amarra ese viento encantado
para que no la mueva. El quiere gritar,
su piedra está manchada en sangre
de la paloma destruida.
¿No sientes en sus ojos esa oscura desdicha,
sitios que no penetra y ama?

De repente es la lluvia,
y las ovejas más pequeñas balan.
El viento las dibuja en la colina, tiritantes.

"Vengan, mis niños; el sol ha desaparecido,
y he aquí el rocío de la noche.
Vengan, interrumpan sus juegos hasta que la mañana
reaparezca en el cielo . . ."

IV

¿No sientes ese peso de mantenida
soledad que flota en las caletas de altas aguas,
sobre las garzas muertas, ya para siempre
pedregosas?

¿No ves el camino del bosque, la cruda,
alegre luz del alba en la resina de los troncos;
el cuclillo cantando, la guirnalda de robles
y de arces y el ruiseñor que sólo puede ser encontrado
en el Yorkshire y el cuerno del venado
y la hoja verde?

Eso que cae y cruje, ¿es eso viento, es agua
entre los árboles, o es sólo el perro
destrozando las ratas muertas
en el granero abandonado?

V

Mujer, deja tu lámpara encendida
y abre la puerta y cúbrelo.
Su sueño interrumpieron los visitantes

"Cowards will be left on the other shore . . ."

Hold that enchanted wind
so the boat won't move. He wants to shout,
his rock is stained with the blood
of the murdered dove.
Do you not sense in his eyes that dark destiny,
places he'll never see but always love?

Suddenly it is raining
and the little lambs are bleating.
The wind etches them on the hillside, shivering.

"Come home, my children, the sun is gone down,
And the dews of night arise;
Come, come, leave off play, and let us away
Till the morning appears in the skies . . ."

IV

Can you not feel the weight of lasting solitude
that hovers over backwater pools,
over dead geese, now
turning to stone?

Can you not see the forest path, the raw
and hopeful dawn on the trees' resin;
cuckoo call, the oak trees garlanded,
sycamores, the nightingale, to be found only
in Yorkshire, antlers of the deer,
and the green leaf?

That cracking, that falling, is it wind or water
among the trees, or only the dog
gnawing at dead rats
in the abandoned granary?

V

Woman, leave your lamplight.
Open the door. Cover him.
Visitors disturbed his sleep;

81

que a cierta hora se dispersan.
"Buenas noches, señora Blake . . . Oh, fíjese,
esa escarcha: la primera del año . . ."
La nieve cubre el techo, crece a la altura
del portal (en Lambeth es así).
Y en la profunda casa de madera,
ya ni la magia familiar, ni el golpe de la lluvia,
ni tus pasos cuando llegan
deshabitando el agrio terror
de la penumbra, podrían consolar a estos ojos
sino el perro del bosque
levantando su parda cabeza entre los ganzos
salvajes.

Eso que cae y cruje
(entre las hojas húmedas hace un ruido
solitario y enérgico) del más remoto
sitio del mundo te señala.

Medrosa, detenida en las puertas
más lejanas y crueles.
Te asustan indudablemente esas llamas.
No puedes recordar más que voces difíciles.

VI

Te decían:
Los niños como tú, William,
serán negados por el ángel;
blasfemas, robas en la despensa;
tienes la cara sucia;
andas siempre con claves
y grabados
y láminas . . .

Tú, arqueado el cuerpo, sonreías.

¡Ay, Blake, el siglo veinte
no es un simple grabado
en que batallan el arcángel y el diablo!
Es esta trampa

eventually, they leave.
"Goodnight, Mrs. Blake . . . Oh, look!
Frost! The first frost of the year!"
Snow covers the roof, drifts
door-high (that's how it is in Lambeth).
And in the depths of the wooden house
neither the magic of family, nor the battering of rain,
nor your approaching footsteps
chasing away the sour taste of fear
in the shadows, can comfort these eyes—
only the dog in the woods
lifting his old head
among wild geese.

That cracking, that falling
(a sharp and singular sound
among the wet leaves) is calling you
from the farthest edge of the world.

Poor woman, waiting in harsh
and far-off doorways.
Those flames, no question, frighten you.
All you can remember is vexing voices.

     VI

They told you:
Children like you, William,
will be passed over by the angel;
you've a bad tongue. You steal
from the larder.
Your face is dirty.
You're always making riddles
etchings
engravings . . .

You doubled over with laughter.

Oh, Blake, the twentieth century
is not a child's drawing
with angels and devils warring!
It's this trap

83

en que luchamos, es esta lluvia
que nos ciega. Han arrasado las despensas
y no hay señales
ni claves
que no pueda entender
el Ministerio de Guerra.

Entra, aún estamos en vela.

Cualquier día
me gritan a la puerta:
"Un hombre con paraguas, mi señor."

(No puedes conocerlo. Es de esta época.)

Cualquier día
penetran en mi cuarto.
"Mostró insignias, señor."

Cualquier día
me obligan a salir a la calle,
me apalean; me lanzan como a una rata
en cualquier parte.

(Tú no puedes saberlo. Es de esta época.)

Contra mí testifica un inspector de herejías.

VII

Esta noche
me basta tu silenciosa presencia.
En mi cabeza turbada
tu poesía alumbra mejor que una lámpara
sobre mis círculos de miedo.

No me distraigo.
Tengo los ojos fijos en la negra ventana.
Pasan camiones con soldados,
gentes de las líneas de fuego.

En mi casa resuenan las consignas violentas.

we struggle in, this rain
that blinds us. They have destroyed the larders.
There are no signs,
no codes
the Ministry of War
cannot decipher.

Come in, we're still keeping vigil.

Some day or other
they call me to the door.
"A man, sir, with an umbrella."

(You've no idea who he is. He's from our time.)

Some day or other
they get into my room.
"He showed his credentials, sir!"

Some day or other
they take me into the street,
they beat me, they dump me
like a dead rat.

(You won't understand. It's from our time.)

An inspector of heresies testifies against me.

VII

Tonight
your quiet presence is enough.
In my whirling head
your poetry sheds more light than a lamp
on the circles of my fear.

I won't be distracted.
My eyes are fixed on the dark window.
Trucks full of soldiers pass
on the way to the front.

My house resounds with the slogans of violence.

La vieja profecía
que no te pertenece, extiende
como el agua
tus dominios.
Y ese viento te borra,
ese camino que debes proseguir
guarda un instante
tu desdicha;
esas bestias enanas
soportan equipajes de usureros.

Delante
de tus ojos el mundo
exasperado resplandece.

¡Alegría!
Se han perdido
todas las llaves, todas
las puertas se han cerrado,
y las flores anoche
se cubrieron
de un rocío de vasta anunciación.
Los árboles voraces,
las flores venenosas
mueren al fondo de la verja,
entre animales temibles.

Y aquí, William, te han puesto.
Aquí la vida te edifica;
hay algo aquí, nocturno,
que quieres descifrar
para mis ojos: símbolos,
dones tuyos
brillando en lo desposeído.

Tu hogar
es este mundo de bandidos
colocado en el centro de los árboles.
Las tablas húmedas

The old prophecy,
which is not yours, spreads
your domain
like spreading water.
That wind effaces you,
that path that you must follow
keeps you awhile
unhappy;
those little animals
carry the coffers of usurers.

Before your eyes the world
shines in its despair.

Joy!
All the keys
are lost, all the doors
are locked
and the flowers last night
were covered
with the dew of annunciation.
Voracious trees
poisonous flowers
die within the garden wall
among frightened animals.

And here, William, they have set you down.
Here, life nurtures you;
there is something nocturnal here
which you wish to make clear
to my eyes: symbols,
your gifts
shining in the wilderness.

Your home
is this world of violence
in the center of the forest.
Wet planks

de que están hechas nuestras casas,
son el olor tormentoso
de tu alma.
¡Alumbra, Blake, esta sencilla
majestad!

IX

Abre la puerta, y en la alta noche, sale.

Síguelo, perro del otoño,
lame esa mano, el hueso conmovido
de la última piedad; síguelo.
¡Oh, centro pedregoso del otoño,
animal del otoño,
centro grave, robusto del otoño!

Es el desesperado, recién salido,
pálido desertado de tus tardes.

X

Noche, tú de algún modo le conoces.
Por unas cuantas horas
permite, al fin, dormir a William Blake.
Cántale, susúrrale un fragante cuento;
déjalo reposar en tus aguas,
que despierte remoto,
sereno, madre, en tu heredad de frío.

our houses are made from
give off the stormy odor
of your soul.
Light up for us, Blake,
this simple majesty!

IX

He opens the door. He goes out, late at night.

Follow him, dog of autumn,
lick that hand, its bones stirred
by deepest compassion; follow him,
oh, stony center of autumn,
beast of autumn,
grave strong center of autumn.

That's him, that desperate man, just gone out,
pale deserter from your afternoons.

X

Night, you somehow know him.
For a few hours now,
let poor Blake sleep at last.
Sing to him, tell him a happy story;
let him rest on your waters,
to wake far away,
serene, Mother, in your sanctuary of cold.

Wellington contempla en su jardín
un retrato de Byron

De niño fue—aunque cojo—
    saludable y alegre.
Se asegura que nada hubiera podido compararse
    a su salud o a su alegría.
Luego empezó a viajar de un sitio a otro,
    la línea de su vida se oscureció
    de pronto y se curvó.
    El amor ostentoso de sus ojos
    fue un arma,
una ganzúa para abrir las puertas de palacios y aldeas
    y alcobas infranqueables.
    El espejo ovalado del cuarto
    deformaba ante muchos su rostro verdadero:
huraño, zafio, cruel.
    Debió ser como un nudo
en la madera de mis contemporáneos,
un pedazo discontinuo y grosero
    y sin embargo hecho del mismo material.

Wellington in his garden contemplating a portrait of Byron

From boyhood on—though lame—he was
    healthy and happy.
We are assured that his health and his happiness
    were beyond compare.
Later he began to travel from one place to another,
    his lifeline grew indistinct
    abruptly, and curved.
    The prodigal love in his eyes
    was a weapon,
a skeleton key to open doors to palaces and hamlets
    and forbidden nooks.
    The room's oval mirror
    reflected his face unkindly—
forbidding, arrogant, cruel.
    He must have been like a knot
in the wood of my contemporaries,
an ugly deformation in the grain—
    though made of the same stuff.

Pico de la Mirandola
(1463–1494)

De omni re scibili

Cuando ya estaba a punto
de agotar el límite de sus perfecciones
hasta sus enemigos exaltaban sus últimas ideas
perfectamente acordes con sus dones proféticos.
Cuando—para expresarlo a su manera—
como un buen caballero medieval
leía las respuestas del firmamento
con una precisión más rigurosa y vasta
que todas las guerras.
Cuando ya no nombraba como al comienzo
por el mero placer de concretar el aire,
sino para extraer la corrupción
del peso de cada cosa, de modo que *flor* decía
y anulaba de inmediato los tormentos
de cualquier época o *coito* y desacreditaba
un mercado—el más firme—y al borde de la crisis
mantenía las arcas reales: esas rameras.
Cuando hubiese podido socavar un Imperio
con la fuerza del más simple consejo:
"Sultán, no agotes mi paciencia . . ."
(Hablaba con su perro, vestido pulcramente de caza.)
Cuando sólo esperaba el cotejo
(De omni re scibili . . .)
de sus poderes,
y ocurrió a medianoche:
se olvidó de la página aquella de su manual:
el epitafio ambiguo
del hombre que ha previsto la hoguera, la ovación,
el suicidio.

Pico della Mirandola
(1463–1494)

De omni re scibili

When he was on the verge of
exhausting the limits of his accomplishments,
even his enemies praised his latest thinking,
in perfect harmony with his prophetic gift.
When (as he would have put it)
like a true knight of the Middle Ages
he would read the signs from the heavens
with a precision more severe and vast
than any war.
When he used words, not as he first did
for the pure pleasure of making the air tangible,
but to rid everything
of the ruin of corruption,
so that when he used the word *flower*
he immediately destroyed the woes
of every age.
When he used the word *coitus*, he threw out
all sense of commerce—very well established—
and drove the Treasury (those whores)
to the point of bankruptcy.
When he had it in his power to undermine
an Empire, with a single word of advice:
"Sultan, don't try my patience."
(At that very moment, dressed for the hunt,
he was talking to his dog.)
When all he needed was the confirmation
of his power
(De omni re scibili),
it came at midnight:
he had forgotten that entry in his journal:
the ambiguous epitaph
of a man who has foreseen death
by fire, by fame, by his own hand.

Ana Frank

Frente a la catedral de Colonia
—dividida por dos columnas negras—
los niños
de nuevo canturrean.

Los he visto correr;
generalmente los he visto
saltar de un canto al otro,
de una música
a la otra.

Y hoy me dieron la foto
donde tu cara magra palidece,
niña llegada del alto cielo hebreo.
¡Y qué extraño
sentarme en este banco
(a unos metros del Rhin),
viendo pasar las aguas!
Yo que creí por mucho tiempo
que iba a sangrar . . .

Anne Frank

In front of Cologne cathedral
—divided by two black columns—
once more the children
are taking up their songs.

I have watched them playing;
mostly, I have noticed,
they jump from one song to the next,
from one tune
to another.

And today I was given the photo
of your thin fading face,
child, now arrived in your high Hebrew heaven.
And how odd
that I am now sitting on this bench
(a few steps from the Rhine)
watching the water go by,
for I had long thought
that blood would have flowed . . .

En verano

En verano
el sol entra por las puertas abiertas
el flamboyán mugriento
sin color
corre a mis manos
y yo le tiño el verde
el arrebol
y lo circundo del mejor diseño
Es cuando a plena luz
se aparecen mis múltiples antepasados
que vienen a instalarse en torno a mí
como reproducciones hechas del natural
Son los que velan mi sueño en la cama de roble
los que tienen la sencilla costumbre
de despertarme a la primera luz del alba
los que funden las turbinas hostiles
los que logran mantenernos de pie
los partidarios de la poesía

In summer

In summer
the sun comes in through the open doors
the grimy flamboyán tree
now colorless
runs to my hands
and I give it its green
its red
and I round it out to its best shape
That is when in broad daylight
my many predecessors appear
coming to stand around me
like reproductions drawn from life
They are the ones who watch my sleep in the oak bed
the ones who have the simple habit
of waking me at the first light of dawn
the ones who stop the hostile turbines
the ones who manage to keep us on our feet
those to whom poetry matters

Homenaje

mi abuelo aseguraba con vehemencia
(el viejo era español)
que haría parir sus parras de jerez
y tendría vino de uvas

lo recuerdo muy bien removiendo la tierra
limpiando el tronco a cualquier hora
el ojo acuoso y lánguido observando

era un iluso y los parrales
sin embargo crecieron
el viento los hacía respirar
como un pecho

pero la parra de jerez no paría

blancos y negros la abonaron
jamás los perros mearon en su tronco
mi abuelo parecía un puñetero conquistador
gritaba sus instrucciones
como desde la borda del santamaría
entonces la casa era una nave
una hoja nueva o una flor
eran como cuando aparece un pájaro

pero la parra de jerez no paría

yo he visto luchar a hombres
yo he visto cómo salta la chispa del pico en la cantera
sin taladrar la piedra
mi abuelo era ese pico
la parra era esa piedra

veinte años después
nada tiene de raro que un nieto rencoroso
escriba este homenaje no al abuelo
sino a la parra desobediente
que el terco viejo isleño no logró hacer parir

Homage

my grandfather would bang his fist and vow
(he was a Spaniard, the old man)
that he would make the vines from Jerez bear
and would have sherry from those grapes

I remember him well turning the earth
cleaning around the trunk at all hours
his watery languid eye watching

he was deluded and yet
the arbors still grew
the wind made them breathe
like a breast

but those sherry grapes did not bear

white men, black men fertilized it
never did the dogs piss on its trunk
my grandfather looked like a brawling conquistador
he shouted his instructions
as from aboard the *Santa María*
then the house was a ship
a new leaf or a flower
was as when a bird appears

but those sherry grapes did not bear

I have seen men struggle
I have seen how the spark flies from the pick in the quarry
without breaking the rock
my grandfather was that pick
the grapevine was that rock

twenty years later
there is nothing strange in a bitter grandson
writing this homage not to the grandfather
but to the disobedient vine
the stubborn old islander could not bring to fruit

El hallazgo

Salí del cuarto esta mañana
—el calor me hostigaba—
y salí convencido de poder reanimarme
con el aire exterior;
pero al abrir la puerta
encontré tumbado a uno de mis abuelos,
indefenso y desnudo
bajo la bóveda celeste
en tanto que un enorme auditorio
se divertía con su facha de indiano,
de Gran Señor de Islas,
pobre, casi demente.

The find

I left the room this morning
—the heat drove me to it—
and went out, sure I would come to life
with the outside air;
but opening the door
I found one of my grandfathers fallen
helpless and naked
under the vault of heaven
so that a huge audience
was entertained by his Spanish look,
the look of the Great Lord of the Islands,
poor, almost mad.

Álbum para ser destruido por los indiferentes

El fondo es de tierra rojiza, de pedregales ocres.
     En la espesura verde se agranda el mediodía.
Es verano. Y hay montones de yerba sin quemar
a lo largo del campo rastrillado.
Un rabo sombrío—de nube—está robando agua
     en la laguna.
Los patos y las garzas rebotan
     contra la oscuridad.
Pero ésta no es—como pudiera imaginarse—
     una fotografía hecha a distancia.
No es un grupo de gente disecada
     en un papel que amarillea.
No estoy hojeando el viejo álbum de los poetas.
     No es cuestión de ponerse a llorar.
     Aquí nadie está inmóvil.
Los viejos y los jóvenes trabajan y sonríen
     y a mí me gustaría correr
y anunciar que mi madre es aquella
     que alza los brazos,
     mueve la falda
     y gira
mostrando el aro intacto de su cuello.
Atravesando el campo
       ahí va mi abuelo, en mula.
Le chispean las espuelas de cobre, el pantalón
     de dril, la guayabera,
el gran cuello invencible que resistió
     y partió la soga
con que una noche se quiso matar.
Ahí sigue todavía la casa en la colina
     rodeada por la aralia,
y detrás la arboleda,
       los palmares,
la barranca, y el río
     que vadeaba en medio de la corriente
con mi pelo pajizo y requemado
     por la canícula.
Las flores hierven en el portal, humean.
La casa cimbra

Album to be destroyed by those who don't care

The backdrop is of reddish earth, of stony ocher ground.
    Midday wells up in dense green.
It is summer. And there are piles of grass unburned
all along the raked field.
A dark tail—of cloud—is stealing water
    in the pond.
The ducks and heron stand out
    against its darkness.
But this is not—as you might have imagined—
    a photo taken at a distance.
It is not a group of dissected people
    on paper turning yellow.
I am not turning the pages of the old album of the poets.
    It is not a matter of wanting to cry.
    Here no one is unmoving.
Old men and young men work and smile
    and I, I like to run
and announce that my mother is that one
    that lifts her arms,
    shakes her skirt
    and turns,
showing the unbroken circle of her throat.
Passing through the field
    there goes my grandfather, on a mule.
His copper spurs flash,
    his drill pants, his guayabera,
the great invincible neck that resisted
    and broke the rope
he tried to hang himself with one night.
There's the house on the hill over there,
    surrounded with aralia,
and behind, the woods,
            the palm groves,
the ravine, and the river
    that I would wade in the middle of the current,
my hair parched and straw-colored
    by high summer.
Flowers boil on the porch, steam.
The house winces

contra el aire de la arboleda,
    y el jardín de mi abuela
late impaciente en su ceniza,
y alguien viene y lo riega.

II

La memoria debe ser como un lienzo cuarteado.
Todas aquellas caras son brochazos.
Mis ojos
    se hunden en una luz grasienta, de óleo.
Mi abuela es la Gioconda
que sonríe acostada, al borde de la muerte,
    y la fogata la hizo
    el Ícaro de Brueghel al caer
mientras nos preparábamos para La Cena
    de los Campesinos.
¿Los recuerdos son cuadros?
¿O uno quiere que sean como cuadros?
Y si lo fuesen
        ¿no serían más bien
lienzos abandonados entre la telaraña?
Pero mi madre es real
        —sólo ella—
metida en esa luz difícil, trabada
    en líneas imborrables,
tendiendo los manteles
    para una cena a la que nadie irá.

III

Porque muchos de ellos están muertos
y otros a punto de morir.
(Esa es la verdadera historia.)
Sin embargo,
    que vivan todos ellos
por el amor que me infundieron,
porque no me enseñaron la maldad.
Vivan
    bajo los encinares de sus aldeas,
diciendo adiós a mis tatarabuelos.

against the air from the woods,
          and my grandmother's garden
howls impatient in its ashes,
and someone comes and sprinkles it.

II

Memory should be like a crackled canvas.
All those faces are brushstrokes.
My eyes
          drown in a fatty light of oil paint.
My grandmother is La Gioconda,
who smiles reclining, on the edge of death,
          and the bonfire was fired by
          the Icarus of Brueghel as he fell
while we readied ourselves
          for the Feast of the Peasants.
Are memories paintings?
Or does one wish them to be like paintings?
And if they were,
          wouldn't they be rather
canvases abandoned among cobwebs?
But my mother is real
                    —only she—
stuck in that difficult light, fixed
          in ineradicable lines,
spreading the tablecloths
          for a meal which no one will come to.

III

For many of them are dead
and others on the verge of dying.
(That is the true story.)
However,
          may they all live
by the love they imbued in me,
because they taught me no wrong.
May they live
          under the evergreens of their villages
saying goodbye to my great-great-grandparents.

Vivan
     esperanzados y medrosos
en los puertos de Europa, a la hora de partir,
     caminando bajo los pinos de mi provincia,
harapientos, alzando sus hogares,
     encandilados por la luz de Cuba.
Que vivan
     haciendo las hogueras de mi niñez
en medio de los campos roturados.
Que vivan
     como la vida que los ha devorado
y me devorará,
     como la vida que engendra y mata
     y resucita
con la violencia de la eternidad.

May they live
    hopeful and timorous
in the ports of Europe, at the hour of leaving,
    walking beneath the pines of my province
ragged, picking up their homes,
    dazzled by the light of Cuba.
May they live
    making the bonfires of my childhood
in the middle of the broken fields.
May they live
    like the life that has devoured them
and will devour me,
    like the life that engenders and kills
    and revives
with all the violence of eternity.

Herencias

Yo no sé si los viejos regresarán un día por el sitio
    en que uno los perdió cuando niño.
Yo no creo que sea éste el destino de un muerto; mucho
    menos de viejos cogidos por la fatiga
de nietos y de hijos. Aún cuando lo desearan
    no les sería posible regresar.
Los muertos tienen que ser perseverantes jóvenes
    deseosos de conquistar de nuevo
el gusto de la tierra y quitarse de encima
    el peso de las enfermedades que los matan.

—Los muertos son suspiros y calandrias
que cantan, hijo mío, me decía mi abuela
cuando aún tenía su pedazo de tiempo para ella
    y hasta se dedicaba a consolarme.

Los muertos más antiguos se ocupan en cavar.
    Van hacia abajo. Pesan.
No logran flotar como los jóvenes.
    Hunden el suelo donde pudieron
enterrarlos, y si fueron juntados y metidos
    en cajas de madera, muertos, en fin,
de guerra, sacados de la tumba obscena de los combates,
    ya no hay invocación que los despierte.
No existe el medio de conversar con ellos o verlos
regresar como en los tiempos en que aún no habíamos
        salido de la infancia.
Están mejor así—yo pienso—hundidos.
        Así nunca tendrán memoria, nunca tendrán nostalgias,
    remordimientos como nosotros.

Legacies

I don't know if the old people will return one day
    at the place we lost them when we were children.
I don't think that this is the fate of a dead man; much less
    of old people overtaken by the fatigue
of children and grandchildren. Even if they should want it,
    they couldn't come back.
The dead must be stubbornly young, wanting to conquer
    again
the taste of the earth and to push from off them
    the weight of the sicknesses that kill them.

—The dead are sighs and buntings
that sing, my son, my grandmother would tell me
when she still had a piece of time to herself
    and could take the time to console me.

The longest-dead have their hands full digging.
    They sink downwards. They are heavy.
They can't manage to float like the young.
    They sink into the ground where we could bury them
and if we got them all together and put them
    into coffins, dead, finally, in war,
taken out of the obscene tomb of battles,
    still there is no invocation that can wake them.
We can never talk with them or see them
return as then when we had still not left our childhood.
They are better that way, I think—underground.
    That way they will never have memory, nostalgia,
    never have remorse, as we have.

Casas

Nunca puedo evitar que en las horas menos pensadas
reaparezca una casa donde viví de niño.
Algunas—recuerdo—no eran feas, pero no las amaba.
Yo quería construir un galpón de madera,
un corredor de ocuje
de entresuelos enormes
donde enterrar mis flechas, mis piedras,
mis tesoros.
Todo el tiempo mudándonos de casas
(en la infancia y después).
¿Y qué gané con ello?
Nada. Las retuve unos años y las volví a perder.
Pórticos, escaleras, muros,
cuchillas herrumbrosas,
fotos de cumpleaños y bautizos
saltan en mi memoria
igual que un ras de mar y me dejan grietas de sal
                como las olas.
Casas naufragadas, perdidas.
Castor, mi perro de aguas,
aúlla constantemente en sus rincones.

Houses

At unexpected times—without my wanting—
a house from my childhood swims into my mind.
Some—I remember—were not really ugly, but I didn't
                                                love them.
I wanted to build a wooden shed
a hallway
with a vast ground cellar
where I could bury my arrows, my rocks,
my treasures.
We were forever moving from house to house
(in childhood and after)
and what did I gain by it?
Nothing. I kept them a few years and lost them again.
Porticos, stairways, walls,
rusted knives,
photos of birthdays and baptisms
rise up in my memory
like a rush of sea and leave me salt-rimed
                as waves do.
Houses shipwrecked, lost.
Castor, my old spaniel,
howls all the time from his various corners.

Andando

En el atardecer el mundo huele a yodo.
El monte cruje como la arboladura de un velero;
pero tú, sin siquiera indagarlo,
en medio de los troncos, ya sabes que a esta hora
el mar entra en su nido de paja brusca y vieja.

Qué bueno que tengas tanto mar en las entrañas,
y tanta luz y tanto azul en la visera
de tu gorra gastada.
Y que puedas andar por estos campos
hundido en el oleaje susurrante de hojas.
Granizos y pedruscos han caído en tus años
desparramándolos como aguaceros,
y amas este campo, estas piedras y breñas,
la yagruma, la guásima, la jutía, el totí;
amas en esta tierra todo lo que conoces y lo que desconoces,
amas hasta la espina que te araña,
pero quieres que esa palma quebrada de la loma te ame,
porque ni los rayos ni los ciclones han podido tumbarla,
porque el duro verano la oprime
hasta el anochecer contra sus llamas,
pero las pencas verdes se escabullen del fuego, altas,
　　　　　al viento,
y el tronco, aún calcinado, las nutre y las sostiene.

Walking

At dusk the world smells of iodine.
The mountain creaks like a ship's mast;
but you, without even thinking about it,
surrounded by tree trunks, know that at this hour
the sea goes into its nest of dry old straw.

How fine that you have so much sea in you
and so much light and so much blue in the visor
of your worn cap!
And that you can walk through these fields
sunk in the whispering swells of the leaves.
Hailstones and rocks have fallen on your years,
spilling them out in downpours.
You love this field, these rocks and brambles,
flowers, beasts, birds of this country,
love in this land everything you know and everything
            you don't know,
love even the thorn that scratches you,
and want that twisted palm on the hill to love you,
because neither lightning strokes nor cyclones have been able
            to fell it,
because it is oppressed by the hard summer
until night smothers its flames,
but the green fronds, high in the wind, rise above the fire,
and the trunk, though blackened, nourishes them and
            sustains them.

Campo sembrado

Es la alegría lo que zumba en el viento
entre los naranjales.
Aquí no ha muerto nadie. No hay nadie
a punto de morir. Las raíces
no chupan fuegos fatuos. No hay huellas
de catástrofes ni de erosiones.
Aquí nada se topa con el siglo.
El tensiómetro no husmea aquí la fiebre
de los hombres sino las humedades
que atraviesan las capas de la tierra,
las aguas repentinas y alimenticias.

Planted field

Joy—that's what's buzzing in the wind
through the orange trees.
Here no one has died. No one
is about to die. Roots
don't feed off dry fires. Not a trace
of catastrophe or erosion.
Here nothing clashes with the times,
the tensiometer doesn't quiver at the fever
of men but rather at the damps
running through the layers of the earth,
the sudden and nourishing waters.

115

Eso que va flotando sobre las aguas

Eso que va flotando sobre las aguas
—el residuo aceitoso de la brea lo rebasa o lo ignora—
¿será un pecho de ahogado?
Bajo la pendular fulguración del sol
es un bulto que quiere levantarse,
      que se hunde
              y resurge.

El oleaje malogra cada inminente aparición.
La astilla de aguas negras de las proas
      de los botes
             que pasan
lo sumergen de nuevo, lo empujan como un pájaro muerto.
¿Será un pájaro muerto, un casco corroído por la sal,
un brillo fatuo y falso?
¿Será así de instantánea, de imprecisa, de rara
la burbuja tenaz de la poesía,
cuando uno fuma junto al mar, y está como alelado,
y no tiene que hacer nada en el puerto
excepto husmear a los que pasan? No sé.
Deberían tenerse ojos constantemente alertas,
ojos de lince, unos ojos
tal vez providenciales;
pero esto es imposible.

That thing bobbing on the waters

That thing floating along over the waters
—the oily residue of tar slides past it, passes it by—
could it be a drowned man?
Under the glancing flash of the sun
it is a mass that wants to rise
        that sinks
                and rises again.

The swell interrupts each imminent emergence.
The wings of black water from the bows
        of passing
                boats
submerge it again, nudge it like a dead bird.
Could it be a dead bird, a hulk corroded by salt,
a deceptive, empty gleam?
Could it be, so sudden, so imprecise, so strange
the stubborn bubble of poetry,
when you're smoking by the ocean, a little stupefied,
and have nothing to do in port
but scan the passers-by? I don't know.
You should keep your eyes constantly peeled—
lynx eyes,
all-seeing eyes, maybe—
but that is clearly impossible.

117

Con sólo abrir los ojos

Este jardín,
plantado a unos metros del río,
le dio cobija, bajo el viento de lluvia,
a esta lechuza enferma,
alastrada en el fango como un saboteador.
Y ese gajo de Aroma, con la flor amarilla
y la espina oculta, le desgarró la ubre
        a la vaca vieja,
y la palma, partida por el rayo,
negrea río abajo en la corriente.
Así teje la vida sus coronas de laurel y hojalata,
arqueada como una costurera sobre la realidad,
uniendo sus retazos oscuros y brillantes.
De esta manera—no de otra—
se hacen las catedrales y las bodas:
con sangre de tísicos y con sangre de desposadas.
Con sólo abrir los ojos
descubres que existe una belleza abominable
        hasta en el paisaje.

Just by opening your eyes

This garden
set down a few yards from the river
gave shelter, from the wind that came with the rain,
to this sick owl,
plumped in the mud like a saboteur.
And that branch of myrrh, with its yellow flower
and the hidden thorn, ripped the udder
     of the old cow,
and the palm, split by lightning,
blackens downriver in the current.
Thus life weaves its crowns of laurel and tin,
hunched like a seamstress over reality,
joining its remnants dark and brilliant.
In this way—and in no other—
are cathedrals and weddings fashioned—
with the blood of consumptives and the blood of
     new-married women.
Just by opening your eyes
you discover a terrible beauty exists
     even in the landscape.

Retrato del poeta como un duende joven

Buscador de muy agudos ojos
hundes tus nasas en la noche. Vasta es la noche,
pero el viento y la lámpara,
las luces de la orilla,
las olas que te alzan con un golpe de vidrio
te abrevian, te resumen
sobre las piedras en que estás suspenso,
donde escuchas, observas, lo vives,
lo sientes todo.

Así como estás frente a esas aguas,
caminas invisible entre las cosas.
A medianoche
te deslizas con el hombre que va a matar.
A medianoche
andas con el hombre que va a morir.
Frente a la casa del ahorcado
pones la flor del miserable.
Tu vigilia hace temblar las estrellas más altas.
Se acumulan en ti
fuerzas que no te dieron a elegir,
que no fueron nacidas de tu sangre.

En galerías
por las que pasa la noche;
en los caminos
donde dialogan los errantes;
o al final de las vías
donde se juntan los que cantan
 (una taberna, un galpón derruido),
llegas con capa negra,
te sorprendes multiplicado en los espejos;
no puedes hablar
porque te inundan con sus voces amadas;
no puedes huir
sin que se quiebren de repente tus dones;
no puedes herir
porque en ti se han deshecho las armas.

Portrait of the artist as a young wizard

Sharp-eyed hunter,
you set your fish traps at night. The night is vast,
but the wind and the lantern,
the lights from the shore,
the waves that lift you with a slap of glass,
reduce you, sum you up
on the rocks where you are hanging,
listening, watching, living—
aware of everything.

In the way that you exist for those waters,
so you walk among things, invisible.
At midnight
you speak carelessly to the man who will kill.
At midnight
you walk with the man who will die.
In front of the hanged man's house
you lay the flower of the wretched.
Your vigil sets trembling the highest stars.
In you gather
forces not given you to choose,
not born of your blood.

On porches where the night passes by,
in the roads where wanderers converse,
or at the end of the tracks
where singers come together
(a bar, a rundown hut),
you arrive in a black cape,
you surprise yourself multiplied in mirrors.
You cannot speak
because their dear voices drown you.
You cannot flee
without suddenly shattering your gifts.
You cannot wound
because your weapons are all undone.

121

La vida crece, arde para ti.
La fuente suena en este instante sólo para ti.
Lo que importa es llegar
(las puertas fueron abiertas con el alba y un
vientecillo nos reanima),
todo es poner las cosas en su sitio.
Los hombres se levantan
y construyen la vida para ti.
Todas esas mujeres
están pariendo, gritando, animando a sus hijos
frente a ti.
Todos esos niños
están plantando rosas enormes
para el momento en que sus padres
caigan de bruces
en el polvo que has conocido ya.
Matan,
pero tu vientre se agita como el de ellos
a la hora del amor.
En el trapecio salta esa muchacha
(el cuerpo tenso, hermoso), sólo para ti.
Tu corazón dibuja el salto.
Ella quisiera caer, a veces, cuando no hay nadie en torno
y parece que todo ha terminado,
pero encuentra tu hombro.
Estás temblando abajo.
Duermen,
pero en la noche cuanto existe es tu sueño.
Abren la puerta
en el silencio y tu soledad los conturba.
Por la ventana a que te asomas
te alegran las hojas
del árbol que, de algún modo, has plantado tú.

For you, life grows, burns.
At this moment the fountain plays for you alone.
The important thing is to arrive
(the doors were opened at dawn and a breeze revives us).
It all comes down to putting things in their places.
Men get up
and build life for you.
All those women
are giving birth, shouting, cheering their children
in front of you.
All those children
are planting huge roses
for the moment when their parents
fall headlong
in the dust that you already know.
They kill,
but your body thrills as theirs do
at the time of love.
High on the trapeze that girl leaps
(her body tensed and sleek) for you alone.
Your heart traces the leap.
She would like to fall, sometimes, when there is no one around
and it seems as though everything is over,
but she finds your shoulder.
You are there trembling below.
They sleep,
but at night all that exists is your dream.
They open the door
in the silence and your solitude troubles them.
Through the window you lean out of
you rejoice in the leaves
of the tree that somehow or other
you have planted.

Nota

Para los cazadores de lo maravilloso tengo muy pocas cosas
que dar. Yo no poseo magias. No envidio a los que tienen
una magia.
Tampoco me interesan los cristales cifrados
donde se transparenta el himno sucesivo que me plagian o
                                                    plagio.

Me queda ese Brancusi de la pared manchada,
palabras que acuden cuando hablo,
        neutras y desprovistas de ilusión.
Centellean no porque yo las pula con trapos de metal,
las encuentro a la diabla, entre las calles,
        tontas alegres como niños.

Note

For those on the trail of the marvelous I have very little
to give. I have no magic powers. I don't envy those who have
a magic.
Nor am I interested in casements with strange devices
      that copy me, that I copy,
      showing the hymn still to come.

I have only that Brancusi stain on the wall,
words that come to me when I speak,
      neutral words, stripped of all fantasy.
They shine, not because I polish them with steel wool;
I find them all over the place, in the street,
      happy idiots, the way children are.

El monólogo de Quevedo

Todas las calles
se han llenado de gentes que sufren mi dolor
o gozan mi alegría
agonizantes a causa de que respiro
enanos porque crezco
Otros entran de golpe en mi arsenal
donde acumulo lo inverosímil
lo que tal vez sea yo el único en guardar.
La vida me roba a manos llenas
las ventanas me imitan
los gatos plagian mi ardiente
        enemistad
y la tarde en que el desesperado suspira
        a toda vela
vibra en mi cuarto y hasta en mi ortografía.
Ese árbol
que veo entrar por mi ventana
imita por ejemplo mi cuerpo y mi resuello.
Ya estuvo antes aquí
Eché raíces junto a él
Y ahora se agita en mi delirio
¿O es mi delirio y no se agita?
¿O sopla estas palabras
o son ellas las que me soplan?
¿O es Homero el que las escribe
el que siempre escribe
Y este cuarto es de Atenas
y yo sufro tan sólo porque nadie lo cree?

The monologue of Quevedo

All the streets
have filled with people who suffer my pain
or delight in my joy
in their death throes because I am breathing
dwarfed because I am growing.
Others enter suddenly into my storeroom
where I collect unrealitics.
Perhaps I am the only one who keeps them.
Life steals my all,
windows repeat me,
cats copy my burning
        enmity,
and the afternoon, in which the desperate man sighs
        full-sailed,
vibrates in my room and even in my handwriting.
That tree
which I see come in through my window
imitates for example my body, my labored breath.
It was here before.
I put my roots down next to it.
And it is now trembling in my mind.
Or is it in my mind? Is it not trembling?
Does it breathe these words?
Or do these words breathe me?
Or is Homer the one who writes them,
the one who always writes?
And is this room in Athens
and am I suffering, so alone,
because no one believes it?

La aparición de Góngora

Esta noche
  mientras lo leo bajo la lámpara
Góngora es un dragón
Puede ocurrir que *harto de fatigar sus esperanzas*
  por la corte
de no salir sino al atardecer
para *disimular la bayesta caduca de su coche*
  y el tafetán delgado de su traje
Don Luis de Góngora
  hubiera decidido convertirse en dragón
Apareció de pronto
  y se plantó a mi lado
a unos pasos de mí
  guardando como un sabio las distancias
Ahora sólo puedo observar
  su barba de perfil de converso
La lámpara apenas lo ilumina
Quizás no lo describa a él sino a su vieja sombra
  ducha en licantropías
¿Es un dragón realmente? ¿Un signo natural?
¿Polvo de fuego
  que la lámpara ensucia en la penumbra?
¿Es él esta serpiente taciturna
  que mueve un pie y una ala
y piensa cuando pienso
y si temo que avance es cuando avanza
  y de pensar tan sólo *es él* ya es él?
¿Y ese paracaídas
  de su abdomen
esa piel esparcida de lagarto
  acostumbrado al árbol?
  Manchas opacas
  en las niñas de sus ojos de buey
  me observan
y yo observo su facha de cometa
  su perfil de milocha
insinuada en el borde de la luz
El resplandor lo alarga y lo colora
y él hace la cabriola
  del pez de lomo enorme y rojizo

128

The apparition of Góngora

Tonight
    while I read him under the lamp
Góngora is a dragon
It may be that *tired of wearing out his hopes*
    at court
of not going out except at dusk
so as *to conceal the worn baize of his coach*
    and the thin taffeta of his jacket
Don Luis de Góngora
    might have decided to turn into a dragon
He suddenly appeared
    and stood fixed at my side
a few steps from me
    keeping the distance like a sage
Now I can only observe
    his beard like a lay brother's profile
Lamplight hardly illuminates him
I may not be describing him, exactly, but his old shadow
    versed in lycanthropy
Is he really a dragon? A natural sign?
Dust from the fire
    that the lamplight sullies in the shadow?
Is he this taciturn serpent
    that moves a foot and a wing
and thinks when I think
and advances just when I fear he will advance;
    and just from thinking "It's him," it *is* him?
And that parachute
    of his abdomen
that sloughed skin of a lizard
    accustomed to trees?
    Opaque stains
    in the pupils of his ox eyes
    observe me
and I observe his comet-like look
    his vulture face
profiled by the edge of the light.
The radiance lengthens and colors him
and he capers
    like a reddish fish with an enormous hump

que agita su capa azul y amarillenta
en las inundaciones

Viejo o dragón
Yo no poseo ensalmos
        con que saciar tus largas hambres
        de solitario
Yo no soy de la raza de los que te denigran
Yo no tengo parientes en Córdoba o Madrid
Mis poemas ni siquiera están juntos
A veces los restriego para que centelleen
pero siguen trabados en tu lengua
siempre cubiertos por tu polvareda

that shakes its cape of blue and flashing yellow
in the swells.

Old man or dragon
I have no charms for you
      to sate the long hungers
      of the solitary.
I am not one of that crowd which sneers at you
I have no family in Córdoba or Madrid
My poems are not even whole
Sometimes I scrub them to make them glitter
but still they are fettered in your tongue,
always obscured by your dusty shadow.

A Pablo Armando Fernández

Pablo, cuando me muera,
tú que puedes dialogar con la muerte en su
      lengua (cosa que ya se sabe)
contemplarás mis cartas, fotos, poemas,
y todavía insistirás
      —como lo has hecho siempre—
por encima de mi hombro:
"¿No te parece que tuviste todas las pruebas
      y las lealtades?"
y observarás de reojo los viejos zapatones
que destrocé de tanto andar.
Tú llevarás *la flor que el tiempo no elabora,*
      que la muerte no toca.
Yo un sombrero
      de fieltro, de muerto,
y la estameña
      que me proclame hijo también del aire,
            de la llama del fuego,
porque tú eres el padre.
Amigo de los años mejores y de los más difíciles.
Sé que harás tu trabajo sencillo (pero enorme).
Me salvarás
porque tú tienes
las siete llaves de las siete puertas,
los siete rayos fijos que impulsan la palabra,
las siete niñas que abren
de par en par la cábala
y siete burras dóciles
que paren en cuanto se lo ordenas,
hasta en el mismo instante de sus fornicaciones.
Las casas que hoy pretenden
oponerse a tu paso
vendrán a ti para que las rehagas,
porque no existe magia que se niegue a tu mano
y cada lengua nuestra aprendió de la tuya.
Si después de mi muerte lo desearan
sólo tú les podrías descifrar
una a una mis claves.

To Pablo Armando Fernández

Pablo, whenever I die,
you who can argue with death on its own terms
    (as we all know well)
will look at my letters, snapshots, poems,
and still you will insist
    —as you have always done—
from over my shoulder:
"Don't you think you had all the proof
    and loyalties?"
and you will look askance at the heavy old shoes
that I wore out with so much pacing.
You will carry away *the flower that time does not alter,*
    that death does not touch.
I, a hat,
    a felt hat, a dead man's hat,
and the fine serge
    that proclaims me too a son of air,
        of the tongues of fire,
for you are the father.
Friend of the best and hardest years
I know you will do work, simple but vast.
You will save me
for you have
the seven keys to the seven doors
the seven fixed rays that generate the word
the seven girls that open wide
the cabala
and seven docile she-asses
that give birth at your command,
even in the moment of their fornications.
The houses that today seem
to be obstacles in your way
will come to you to be made over
for there is no magic that is denied to your hand
and all our tongues learned from yours.
If after my death anyone should want it,
only you could unlock me for them,
key by key.

El relevo

Cada vez que entra y sale
una generación dando portazos,
el viejo poeta se aprieta el cinturón
y afina el cornetín como un gallito.

"No se convencen de que en poesía,
la juventud sólo se alcanza con los años."

Relief

Every time a generation
comes in or goes out, slamming doors,
the old poet tightens his belt
and tunes up his cornet like a little rooster.

"They cannot be convinced that in poetry
youth is only attained by years."

A ratos esos malos pensamientos

Si Maiacovski era
la gran poesía revolucionaria de nuestra época
y en medio de su Revolución
coge un revolver y se pega un tiro, ¿quiere decir
que toda poesía tiene que armarse para una hora
decisiva, tiene que hacerse extensión, comentario
feroz de algún suicidio?

—No, no; por supuesto que no.

Si Bertolt Brecht, que viene a reemplazarlo,
exige que le den un pasaporte austríaco
y distribuye sus papeles inéditos
en microfilm por varias capitales, ¿quiere decir
que toda convicción también se nutre de cautelas,
que un pasaporte del país de tu amor no es suficiente,
ni un banco liberado es bastante garantía
para guardar los textos de la Revolución?

—No, no; por supuesto que no.

A veces uno tiene estos malos pensamientos.
Pero, ¿qué pasa en realidad?
Los maestros se suicidan o se hacen cautelosos,
nos obligan a leer entre líneas,
se vuelven listos en su pasión.

Y uno tiene los más negros presentimientos.
Porque en las tumbas no sólo yacen sus cadáveres,
sino gente cifrada que está a punto de estallar.

Todos los días nos levantamos con el mundo;
pero en las horas menos pensadas hay un montón de tipos
que trabajan contra tu libertad, que agarran
tu poema más sincero y te encausan.

136

Occasional wicked thoughts

If Mayakovsky—
the great revolutionary poet of our age—
in the middle of his Revolution
takes a revolver and shoots himself, does that mean
that poetry must prepare for the critical moment,
must become an extension, the fierce commentary,
of some suicide?

—No, no, of course not.

If Bertolt Brecht, who comes to take his place,
demands to be given an Austrian passport
and hands out his unpublished papers
on microfilm in several capitals of Europe, does that mean
that all convictions also feed off caution,
that a passport from the country of your devotion is not
                                                            enough,
nor that a liberated bank is sufficient guarantee
to preserve the texts of the Revolution?

—No, no, of course not.

Sometimes one has these wicked thoughts.
But what really happens?
The masters commit suicide or become cautious,
force us to read between the lines,
become clever in their passion.

And one has the blackest presentiments.
Because in tombs lie not only corpses
but also coded people about to explode.

Every day we rise with the world;
but at the most unlikely times there's a bunch of guys
who work against your liberty, who grab
your most sincere poem and indict you.

Mis amigos no deberían exigirme

Mis amigos no deberían exigirme
que rechace estos símbolos perplejos
que han asaltado mi cultura.
(Ellos afirman que es inglesa.)

No deberían exigirme
que me quite la máscara de guerra,
que no avance orgulloso sobre esta isla de coral.

Pero yo, en realidad, voy como puedo.
Si ando muy lejos debe ser porque el mundo
lo decide.

Pero ellos no deberían exigirme
que levante otro árbol de sentencias
sobre la soledad de los niños casuales.

Yo rechazo su terca persuasión de última hora,
las emboscadas que me han tendido.
Que de una vez aprendan que sólo siento amor
por el desobediente de los poemas sin ataduras
que están entrando en la gran marcha
donde camina el que suscribe,
como un buen rey, al frente.

My friends shouldn't

My friends shouldn't urge me
to reject these puzzled symbols
that have usurped my sensibilities.
(They claim these are English.)

They shouldn't urge me
to take off the belligerent mask,
not to move proud over this coral island.

But I, really, walk however I can.
If I walk very far it must be because the world
decides I should.

But they shouldn't urge me
to raise another tree of aphorisms
over the solitude of stray children.

I reject their stubborn last-chance persuasion,
the ambushes they have set for me.
Let them learn once for all that I feel love
only for my brash, unbridled poems
which are joining the great march
of those who volunteer,
like a good king, for the front.

Dicen los viejos bardos

No lo olvides, poeta.
En cualquier sitio y época
en que hagas o en que sufras la Historia,
siemprc estará acechándote algún poema peligroso.

According to the old bards

Don't you forget it, poet.
In whatever place or time
you make, or suffer, History,
some dangerous poem is always stalking you.

Sólo entre caminantes

Sólo entre caminantes he descubierto algo asombroso:
que hasta los brazos de los poetas hablan
a voz en cuello; pero hay que cuidarse siempre
de la cháchara de los dedos
porque ellos viven muy cerca del poema.

Only among walkers

I have found something amazing, peculiar to walkers:
even the arms of poets speak
at the top of their lungs; but beware, always,
of the chatter of fingers—
fingers live very close to the poem.

El hombre junto al mar

Hay un hombre tirado junto al mar
pero no pienses que voy a describirlo como a un ahogado
un pobre hombre que se muere en la orilla
aunque lo hayan arrastrado las olas
aunque no sea más que una frágil trama que respira
unos ojos
unas manos que buscan
                              certidumbres
                                        a tientas
aunque ya no le sirva de nada
gritar o quedar mudo
y la ola más débil
lo pueda destruir y hundir en su elemento
yo sé que él está vivo
a todo lo ancho y largo de su cuerpo

The man by the sea

There is a man sprawled at the edge of the sea
but don't think that I'm going to describe him
                                    as a drowned man
a poor man who dies on the shore
even though the waves have pulled at him
even though he is no more than fragile cloth that breathes
eyes
hands seeking
              certainties
                        in the dark
even though shouting, remaining silent
are of no avail to him now
and the feeblest wave
might destroy him, drown him in its element
I know that he is alive
through all the length and breadth of his body

Paisaje con un hombre y un perro

Al final de este patio donde se alzan algunos limoneros
de troncos resinosos y enfermos, con su ruta cenicienta
de hormigas, hay un portón muy frágil, una especie de
                                                viejo garabato
hecho de espumas tan precarias como la nieve del almendro;
hay un banco donde nadie se sienta—le cubre una costra
antiquísima de excrementos de pájaros—
hay un hermoso flamboyán de flores
mudas, pero tan deslumbrantes que infunden al paisaje
la evidencia de un eco.
Debe ser por el tinte lívido que en verano dejan siempre
los aguaceros;
las hojas resplandecen con la humedad, los árboles
están como indefensos: los envuelve una suave neblina,
no hay insectos volando entre las ramas,
parece que no existieran mariposas.
No existe nada rudo en la distancia que pueda confundirse
con la muerte o el tiempo.
Entonces el perro entra en escena, lentamente, y orina;
pero no husmea en los troncos sino que salta más bien,
residuo limpio, orgulloso del paisaje.
El dueño, el hombre, no observa sino el charco, la gran
charca que se extiende inmutable a sus pies,
de modo que puede ver en ella
el brillo cambiante o firme de sus ojos.
¿De dónde le vendrá—pienso al verlo—
su porte de viejo soñador,
aterradoramente tímido y ¡qué extraño! arrogante?

Landscape with a man and a dog

At the end of this garden with its lemon trees
on resinous sickly trunks, with its cinder path
of ants, there is a very fragile gate, a kind of old chain
made from froth as light as almond blossom,
there is a bench where no one sits—it is covered
by an old, old scab of bird droppings—
there is a beautiful flamboyán tree with flowers
that are mute but so dazzling that they imbue the landscape
with evidence of an echo.
It must be because of the livid hue that in summer
always follows the showers—
the leaves glow with moisture, the trees
are as though helpless: a soft fog wraps them,
there are no insects flying among the branches,
it is as if butterflies did not exist.
There is nothing harsh in the distance that might be confused
with death or time.
Then the dog comes onstage, slowly, and urinates—
he does not sniff the trunks but instead jumps about,
a clear survivor, pleased with the landscape.
The owner, the man, sees only the puddle, the great
pool that spreads so changeless at his feet
that he can see in it
the shifting or steady sparkle of his eyes.
Where does it come from—I think when I see him—
that look of an old dreamer,
appallingly meek but—oddly!—arrogant?

A veces me zambullo

A veces me zambullo en el mar, largo tiempo,
y emerjo de súbito jadeante, respirando
y nado lo más lejos posible de la costa
y veo la línea distante, borrosa de la orilla
y el sol que bulle en las aguas grasientas.
El litoral se hunde en la calina
y yo cierro los ojos cegado por la luz.
Entonces, a un palmo de esas olas, aparece el país
que tantas veces uno ha creído
llevar sobre sus hombros: blanco como un navío,
brillando contra el sol y contra los poetas.

Sometimes I plunge

Sometimes I plunge into the ocean, for a long time,
and emerge suddenly gasping, breathing,
and swim as far as I can from the coast
and see the distant blurred line of the shore
and the sun making the oily water boil.
The shoreline drowns in the vapor
and I close my eyes blinded by the light.
Then, a handsbreadth from those waves, the country appears
that for so long we thought
we were carrying on our shoulders: white, like a warship,
shining against the sun and against poets.

Paisajes

Se pueden ver a lo largo de toda Cuba.
Verdes o rojos o amarillos, descascarándose con el agua
y el sol, verdaderos paisajes de estos tiempos
de guerra.
El viento arranca los letreros de Coca-Cola.
Los relojes cortesía de Canada Dry están parados
en la hora vieja.
Chisporrotean, rotos, bajo la lluvia, los anuncios de neón.
Uno de Esso queda algo así como
     S   O   S
y encima hay unas letras toscas
con que alguien ha escrito P A T R I A O M U E R T E .

Landscapes

You can see them everywhere in Cuba.
Green or red or yellow, flaking off from the water
and the sun, true landscapes of these times
of war.
The wind tugs at the Coca-Cola signs.
The clocks courtesy of Canada Dry are stopped
at the old time.
The neon signs, broken, crackle and splutter in the rain.
Esso's is something like this
    S   O   S
and above there are some crude letters
reading PATRIA O MUERTE.

Autorretrato del otro

¿Son estremecimientos, náuseas,
efusiones,
o más bien esas ganas
que a veces tiene el hombre de gritar?
No lo sé. Vuelvo a escena.
Camino hacia los reflectores
como ayer,
      más veloz que una ardilla,
con mi baba de niño
y una banda tricolor en el pecho,
      protestón e irascible
            entre los colegiales.

Es que por fin
            lograron encerrarme
en el jardín barroco que tanto odié
y este brillo de ópalo
         en los ojos
me hace irreconocible.
El gladiador enano (de bronce)
que he puesto encima de la mesa
—un héroe cejijunto y habilísimo
con su arma corta y blanca—
y su perra enconada
      son ahora mis únicos compinches.
Pero cuando aparezca
      mi tropa de juglares
limaremos las rejas
y saldré.
¡Puertas son las que sobran!

Bajo la luna plástica
¿me he vuelto un papagayo
o un payaso de náilon
que enreda y trueca las consignas?
¿O no es cierto?
¿Es una pesadilla
que yo mismo pudiera destruir?
¿Abrir
de repente los ojos

Self-portrait of the other

Is it anxiety, nausea,
raptures?
Or is it just wanting
sometimes to shout out?
I don't know. I come back onstage.
I walk toward the footlights
as if toward yesterday,
        swifter than a squirrel,
with my child's drool
and a tricolor flag on my breast,
        agitator, irascible,
                among the students.

The truth is that they finally
                managed to lock me up
in that baroque garden I hated so much
and this opal gleam
        in my eyes
makes me unrecognizable.
The little gladiator (bronze)
which I have put on the table
—a scowling hero, master
of his short white blade—
and his snarling bitch
        are now my only buddies.
But when my troupe of jugglers
        appears
we will file through the bars
and I will break out.
Doors are things there are too many of!

Under the plastic moon
have I become a parrot
or a nylon clown
that bumbles and loses the password?
Or is it not true?
Is it a nightmare
that I myself could destroy,
opening my eyes
suddenly

y rodar por el sueño como un tonel
y el mundo ya mezclado con mis fermentaciones?
¿O serán estas ganas
que a veces tiene el hombre de gritar?

Las Derechas me alaban
        (ya me difamarán)
Las Izquierdas me han hecho célebre
        (¿no han empezado a alimentar sus dudas?)
Pero de todas formas
advierto que vivo entre las calles.
Voy sin gafas ahumadas.
Y no llevo bombas de tiempo en los bolsillos
ni una oreja peluda—de oso.
Ábranme paso ya
sin saludarme, por favor.
Sin hablarme.
Échense a un lado si me ven.

and rolling through the dream in a barrel,
and the world mixed now with these seethings?
Or is it just wanting
sometimes to shout out?

The Right praises me
        (in no time they will defame me)
The Left has given me a name
        (have they not begun to have doubts?)
But at any rate
I warn you I'm alive in the streets.
I don't wear dark glasses.
And I don't carry time bombs in my pockets
or a hairy ear—a bear's.
Give me room, now.
Don't greet me, I beg you.
Don't even speak to me.
If you see me, keep to one side.

Por la borda

Por la borda
el veneno que la respiración acumulaba
a pesar del glorioso oficio de los pulmones
Por la borda
esos tiempos vividos
            a la zaga del mundo
sin comprender
melancolías agarradas a las paredes
manchas de la obsesión
            como cadalsos

Por la borda
el traje de bufón
            que a nadie hizo reir
la vestimenta de corsario negro
los letreros
            de mercader de ungüentos
para la sarna de los tristones
Por la borda
            lo que gané sin merecer
los objetos robados
            en la subasta de los encantadores
Por la borda
            la fama bien ganada
quiero decir la mala fama
y dados
            naipes
                        que se rindieron a mis pies
cuando debieron
                        perecer en mis brazos
Por la borda el sueño torturado
la amargura
la costumbre de arquero y flecha y saltimbanqui
pero no la esperanza
                        ni el amor a la vida
lo que impulsa
            a seguir adelante

Overboard

Over the side
with the poison that breathing has built up
in spite of the wonderful laboring of lungs
Over the side
with times left behind
        at the tag end of the world
without taking in
the sorrows plastered on walls
stains of obsession
        like scaffolding

Over the side
with the clown suit
        that made no one laugh
the black corsair's costume
the ads
        of the snake-oil peddler
cures for the mange of the whiners
Over the side
        with undeserved winnings
with goods stolen
        in the flimflam of the raffle
Over the side
        with all good reputations
(which are really bad ones)
and dice
      and cards
        that threw themselves at my feet
when they should have
        died in my arms
Over the side with raddled sleep
with gall
with the ways of jugglers, knife throwers, quacksalvers
but not with hope
        nor the passion for life
the things that keep us
        going on, going on

Canción del navegante

Mi amuleto invisible por si hay trece a la mesa
Un barco gris y el gran océano
Mi farol de luces amarillas y verdes por si hay niebla
    en la costa
Mi vejiga de buey contra la orina turbia de los presagios
Mi hacha de pedernal
Mi puente azul si las hordas regresan
Mi jabón hecho contra la espuma de los naufragios
Mi coral sonrosado mi pistola contra las rebeliones
Y mi bala de oro
Después a navegar.

Song of the navigator

My invisible amulet against thirteen at table
A gray ship and the great ocean
My lantern of yellow and green lights against fog
    on the coast
My ox bladder against the cloudy urine of omens
My flint ax
My blue gangway if the hordes return
My soap to counter the lather of shipwrecks
My rosy coral my pistol against rebellions
And my golden bullet
Now, to sea!

Canción del juglar

General, dein Tank ist ein
starker Wagon.
BRECHT

General, hay un combate
entre sus órdenes y mis canciones.
Persiste a todas horas:
noche, día.
No conoce el cansancio ni el sueño.
Un combate que lleva muchos años,
tantos, que mis ojos no han visto nunca un amanecer
en donde no estuvieran usted, sus órdenes, sus armas,
                                    su trinchera.

Un combate lujoso
en donde, estéticamente hablando, se equiparan
mi harapo y su guerrera.
Un combate teatral.
Le haría falta un brillante escenario
donde los comediantes pudieran llegar de todas partes
haciendo mucho ruido como en las ferias
y exhibiendo cada uno su lealtad y su coraje.

General, yo no puedo destruir sus flotas ni sus tanques
ni sé qué tiempo durará esta guerra;
pero cada noche alguna de sus órdenes muere
                                    sin ser cumplida
y queda invicta alguna de mis canciones.

160

Song of the juggler

*General, dein Tank ist ein
starker Wagon.*

BRECHT

General, there's a battle
between your orders and my songs.
It goes on all the time:
night, day.
It knows neither tiredness nor sleep—
a battle that has gone on for many years,
so many that my eyes have never seen a sunrise
in which you, your orders, your arms, your trenches
did not figure.

A rich battle
in which, aesthetically speaking, my rags
and your uniform face off.
A theatrical battle—
it only lacks dazzling stage sets
where comedians might come on from anywhere
raising a rumpus as they do in carnivals,
each one showing off his loyalty and valor.

General, I can't destroy your fleets or your tanks
and I don't know how long this war will last
but every night one of your orders dies without
being followed,
and, undefeated, one of my songs survives.

161

Flotan las boyas

Flotan las boyas frente al mar abierto.
Los barcos las divisan;
el capitán no sólo las divisa—
las presiente
las oye
En medio del invierno
saltan las boyas en las olas más altas
y el mar no las sepulta

Así deben saltar las cabezas encrespadas de Homero
de Marcial   de Catulo
de todos
los que siguen flotando insumergibles
en el mar de las islas
           como estas boyas.

Buoys

The buoys float facing the open sea.
Ships decry them;
the captain not only catches sight of them—
he can sense them
he hears them.
In the middle of winter
the buoys bob up on the tallest waves
and the sea cannot entomb them.

Laureled heads should bob up like that—
Homer's
Martial's   Catullus'
Heads of all those
who go on floating unsinkable
in the sea off these islands
          like buoys.

Canción de un lado a otro

A Alberto Martínez Herrera

Cuando yo era un poeta que me paseaba
por las calles del Kremlin,
culto en los más oscuros crímenes de Stalin,
Ala y Katiushka preferían
acariciarme la cabeza,
mi curioso ejemplar de patíbulo.

Cuando yo era un científico
recorriendo Laponia,
compré todos los mapas en los andenes de Helsinski,
Saarikovskii paseaba su buho de un lado a otro.
Apenas pude detenerme en el Sur.
Las saunas balanceábanse al fondo de los lagos
y en la frontera rusa abandoné a mi amor.

Cuando yo era un bendito,
un escuálido y pobre enamorado
de la armadura del Quijote,
adquirí mi locura y este negro reloj fuera de época.

Oh, mundo, verdad que tus fronteras son indescriptibles.
Con cárceles y ciudades mojadas y vías férreas.
Lo sabe quien te recorre como yo:
un ojo de cristal
y el otro que aún se disputan el niño y el profeta.

Song from one side to the other

To Alberto Martínez Herrera

When I was a poet, strolling
through the streets of the Kremlin,
well versed in the darkest crimes of Stalin,
Ala and Katiushka would always
stroke my head
my special claim to the gallows.

When I was a scientist,
making tours through Lapland,
and I bought all the maps in the stations of Helsinki,
Saarikovskii would walk his owl from side to side.
I could hardly even rest in the South.
Saunas swayed in the water of lakes
and on the Russian frontier I abandoned my love.

When I was an innocent,
a miserable creature in love
with Quixote's armor,
I acquired my madness and this black old-fashioned watch.

Oh, world, it's true your frontiers are indescribable—
jails and damp cities and iron tracks.
Whoever travels through you as I did knows it:
one eye of glass
and the other, part child's, part prophet's.

Canción de las nodrizas

Niños: vestíos
a la usanza de la reina Victoria
y ensayemos a Shakespeare:
nos ha enseñado muchas cosas.
Sé tú el paje,
y tú espía en la corte, y tú
la oreja que oye detrás de una cortina.
Nosotras
llevaremos puñales en las faldas.

Ensayemos a Shakespeare, niños;
nos ha enseñado muchas cosas.

Del carruaje
ya han bajado los cómicos.
¿Divertirán de nuevo a un príncipe danés,
o la farsa es realmente pretexto,
un bello ardid contra las tiranías?
¿Y qué ocurre si al bajar el telón
el veneno no ha entrado aún en la oreja,
o simplemente Horacio no ha visto al Rey
(todo fue una mentira)
y ni siquiera Hamlet puede dar fe
de que existiera
esa voz que usurpaba
aquel tiempo a la noche?

Ensayemos a Shakespeare, niños;
nos ha enseñado muchas cosas.

Song of the nannies

Children: dress yourselves
in the styles of Queen Victoria
and let's try Shakespeare:
he has taught us many things.
You be the page,
and you a spy in the court, and you
the ear that listens behind the curtain.
We girls
will carry daggers in our skirts.

Let's try Shakespeare, children;
he has taught us many things.

The players have already descended
from the carriage.
Will they amuse a Danish prince again,
or is the farce really a pretext,
a beautiful stratagem against tyrannies?
And what happens if when the curtain falls
the poison still has not entered in the ear,
or Horatio never really saw the King
(it was all a lie)
and not even Hamlet can give credence
to the existence
of that voice that usurped
his night that time?

Let's try Shakespeare, children:
he has taught us so many things.

167

Mírala tenderse

Mírala tenderse
sobre tu cama cuando te yergues.
Tiene la forma de tu cuerpo,
la prisa de tus manos,
tu propio sexo;
deja tus huellas y se ahueca
como lo hace tu pecho
y nunca la oíste respirar
y ella conoce
el temblor de tu labio,
la cuenca de tu ojo,
y está latiendo ahora en tu vida
y no sabes
que es ella tu ansiedad.

Frecuentemente
oyes sus pasos como en invierno
el soplo de las primeras ráfagas.
No has hecho fuego
para nadie.
No es ella la invitada.
A menudo sorprendes
un asalto de sombra en los zaguanes
y es inútil
la presión de tu mano
para salvar la llama: siempre
quedas a oscuras.
Es tarde, pero es ella quien habla
con la voz de la errante
que cruza los canales y los puertos
de la ciudad adonde vas,
adonde siempre quieres ir
(¿buscando qué?),
y canta en tus oídos
la eterna fábula de horror.

Solitaria, constante
va junto a ti, vigila tu caída.
No le des nombres.
No le tiendas trampas.

Odalisque

Look at her stretched out
on your bed when you lie down.
She has the shape of your body,
the hurry of your hands,
your very sex;
she leaves your prints. She empties herself
just as your chest does
but you never heard her breathe
and she knows well
the tremble of your lips,
the flicker of your eye
and she is throbbing now in your life
and you don't know
that she is your unease.

Often enough
you hear her steps as in winter,
the first gusts of wind.
You have not laid a fire
for anyone.
It is not she you expect.
Often enough you surprise
a sudden shadow in the entry
and your shielding hand
is useless
to save the flame: always
you find yourself in darkness.
It is late, but it is she who talks
with the voice of the wanderer
who crosses the canals and ports
of the city you are going to,
you always want to go to
(looking for what?),
and sings in your ears
the eternal tale of horror.

Alone, constant,
she walks beside you, watches over your fall.
Don't give her names.
Don't set traps for her.

No apresures el paso sobre la tierra.
No levantes el rostro
si ahora sientes un golpe sordo
en la escalera.

Gran taladora,
cada día del mundo
abate nuevos árboles,
pero es interminable la floresta.

Don't hurry across the land.
Don't lift your face
if now you feel a smothered blow
on the stairs.

She is the great forester—
every day of the world
she fells new trees,
but her grove is inexhaustible.

A una piedad

Rompió el jardín, la casa
y después los objetos,
esos objetos que se acumulan con los años.
Y estaba lívida
la cara de la mujer
que lo sintió romper y deshacer
y bajar la escalera
y finalmente huir.
Ahora regresa a medianoche
para espiar el sueño de los otros.
Ya no lo pueden reconocer.
Ya no es el mismo de los retratos
y tiene la voz ronca,
incluso aúlla
y tiembla en el jardín,
muy antiguo, cubierto de hojarascas.

On a regret

He tore up the garden, the house,
and then all the things in it
that had piled up over the years.
And when she heard him
crashing, breaking,
running down the stairs,
finally slamming the door,
the woman's face
was livid.
Now he comes back at midnight
to spy on the others' sleep.
They can no longer recognize him.
He is not like his pictures any more
and his voice is hoarse,
he even howls
and shakes in the garden,
very old, covered with fallen leaves.

Don Gustavo

Ceñido por el safari azul, de trópico,
que oculta torpemente la pistola,
cuando haya llevado hasta el avión
a ese hombre con quien ha compartido
diez años la tortura, la impaciencia, la rabia,
y también las ideas,
que tal vez fuesen la única recompensa de su acción,
tendrá que regresar a la oficina,
al reporte de los últimos diálogos
o la última extravagancia
de un alto funcionario de la Institución.
En estos casos
diez años constituyen una sustancia abominable;
pero también un nexo—piensa él —
un intercambio, una unión.

Don Gustavo

When he, in his light blue tropical jacket
which clumsily hides his pistol,
has taken to the plane
that man with whom he has shared
ten years of torture, impatience, rage—
but also ideas,
perhaps the only recompense for his actions—
he will have to go back to the office,
to write up the last conversations
or the last outbursts
of a high official of the Institution.
In these cases
ten years make up an awful chunk;
but are also a nexus—he thinks—
an interchange, a union.

El regalo

He comprado estas fresas para ti.
Pensé traerte flores,
pero vi a una muchacha que mordía
fresas en plena calle,
y el jugo espeso y dulce
corría por sus labios de tal modo
que sentí que su ardor y avidez
eran como los tuyos,
imagen misma del amor.
Hemos vivido años
luchando con vientos acres,
como soplados de las ruinas,
mas siempre hubo una fruta,
la más sencilla,
y hubo siempre una flor.
De modo que aunque estas fresas
no sean lo más importante del universo,
yo sé que aumentarán el tamaño de tu alegría
lo mismo que la fiesta de esa nieve que cae.
Nuestro hijo la disuelve sonriente entre los dedos
como debe hacer Dios con nuestras vidas.
Nos hemos puesto abrigos y botas,
y nuestras pieles rojas y ateridas
son otra imagen de la resurrección.
Criaturas de las diásporas de nuestro tiempo,
¡Oh, Dios, danos la fuerza para continuar!

The gift

I have bought these strawberries for you.
I wanted to bring you flowers,
but I saw a girl biting into
strawberries in the street
and the thick sweet juice
ran over her lips so that
I felt that her avid warmth
was like yours,
the very image of love.
We have lived out years
struggling with sharp winds,
the ancient stench of ruins,
but always there was fruit,
the very simplest,
and there was always a flower.
So that even though these strawberries
are not the most important thing in the universe,
I know that they will swell your joy
like the glee of falling snow.
Our son smiling melts it in his hands
as God must do with our lives.
We have put on overcoats and boots,
and our numb red skin
is another image of the resurrection.
Creatures of the disapora of our time,
Oh, give us, God, the strength to go on!

En los poemas

En los poemas que el poeta abre y cierra
como si construyera una trampa,
no sólo cabe la cuerda del suicida,
la confesión de amor,
la clásica seriedad de los lamentos,
la exaltación de la más alta flor
en el más alto y hasta perfecto tallo.
También cabe un paisaje, casi tallado al sol:
el de los bosques de Virginia.
Una mujer y un niño están al borde de un camino
(todo ocurre en verano);
la casa, detrás, es de ladrillo color rojo quemado,
leña seca en la puerta,
ningún mar a la vista, ningún oso,
sino la ardilla que observa la ventana como un predicador,
la mariposa apretada a la flor;
        desde luego, chupándola.

Within the poem

In poems that the poet opens and closes
as if he were constructing a snare,
there is room not only for the suicide's rope,
the confession of love,
the classical gravity of laments,
the praise of the highest flower
on the tallest and most perfect stalk.
There is also room for a landscape almost carved by the sun—
the woods of Virginia.
A woman and a child are at the edge of a road
(all this happens in summer);
behind, the house is burnt-red brick,
dry wood at the door,
no sea in sight, no bear—
only the squirrel that watches the window like a preacher,
the butterfly pinned to the flower,
                    sucking it, naturally.